Inhalt

Inhalt

Der Wald ist Lebensraum für zahlreiches Nieder- und Hochwild

Wildbret – hochwertig und unverfälscht

Seit den Anfängen der Menschheit hat sich der hominide Zweibeiner seinen Bedarf an tierischem Eiweiß aus der Natur geholt: Er hat gejagt. Tiere erbeuten, erlegen, erjagen mit dem Ziel des Verzehrs ist die Urform der Jagd überhaupt. Wenn wir heute Wildfleisch nach modernen hygienischen Methoden zubereiten und verspeisen, stellt dies im weitesten Sinne ein „Zurück zur Natur" dar, ohne ins Gestrige zu verfallen. Der Verzehr von Wild gibt der Jagd einen Sinn – die Jagd von Wild stellt den Verzehr eines hochwertigen Nahrungsmittels sicher.

Im Sinne des Heiligen Hubertus

Der Heilige Hubertus ist der Schutzheilige der Jäger. Er lebte im 8. Jahrhundert und starb am 3. November 728. Dieser Tag wird daher bis heute als Hubertustag gefeiert. Der Legende nach war Hubertus ein wilder, zügelloser Jäger, bis ihm eines Tages ein Hirsch mit einem Kreuz im Geweih erschien. Dies brachte ihn zu der Erkenntnis, dass auch das Wild Gottes Schöpfung ist, und er entsagte fortan dem Jagen. Aus dieser Begebenheit begründet sich die Forderung der Jäger, nie wild und zügellos, sondern stets weidgerecht zu jagen. Und auch nur fachkundig und weidgerecht erlegtes Wildbret hat die Qualität, die man sich in der guten ländlichen Küche wünscht.

Der Damhirsch: eine imposante Erscheinung.

Was man über Wild wissen sollte

Wild – eigentlich Wildbret, denn wenn es „wild" ist, springt es ja noch draußen herum, aber bleiben wir bei der Kurzform –, also Wild ist ein hochwertiges Naturprodukt und gesundes Nahrungsmittel. Im Gegensatz zu anderen „Fleischlieferanten" wie Hausschwein, Rind, Schaf, Kaninchen oder Pferd leben Wildtiere frei und ungebunden. Sie ernähren sich von dem, was die Natur zu bieten hat, und das ist, obwohl es bei uns auch schon lange keine richtigen Naturlandschaften mehr gibt, immer noch viel mehr, als einem Stallhasen oder einem Mastschwein trotz behördlich überwachter Mast-, Hygiene- und Verbraucherschutzverordnungen zugestanden wird. Wildtiere bekommen in der Regel weder Hormone noch Beruhigungsmittel, Kraftnahrung oder Antibiotika, sie werden weder eingepfercht noch unter qualvollen Bedingungen quer durch Europa zu Schlachthöfen transportiert.

Wildtiere haben Bewegung, dadurch ein vielfältiges Nahrungsangebot und einen ganz anderen Stoffwechsel als unsere für den Verzehr vorgesehenen Nutztiere. Manche Wildarten, so wie die Rehe, sind Selektiväser. Sie fressen nicht wie ein Rind, sie äsen nicht wie ein Schaf, sondern sie naschen, indem sie sich Halm für Halm, Gras für Gras, Blüte für Blüte abpflücken. Auch der Hase mümmelt so.

Wildfleisch ist also anders als Fleisch vom Schwein oder Rind. Worin besteht aber der Unterschied? Wild schmeckt anders und riecht anders, es will aber auch anders behandelt sein als Fleisch von Zucht- und Masttieren. Da Wild einen ganz feinen Eigengeschmack hat, gilt es diesen zu erhalten – darüber später mehr.

Übrigens hat der „berühmte Wildgeschmack" rein gar nichts mit dem typischem oder gar feinen Eigengeschmack von Wildbret zu tun, sondern ist das Geruchs- und Geschmacksergebnis eines bereits in Fäulnis übergegangenen Fleisches.

Auch die klassischen Empfehlungen vergangener Zeiten, dass Wild grundsätzlich in Marinaden oder Beizen einzulegen sei, halten sich trotz moderner wissenschaftlicher Erkenntnisse geradezu hartnäckig. Ziemlich spät und eigentlich erst mit zunehmendem Ernährungsbewusstsein greift auch die Erkenntnis, dass Wild ein hochwertiges, unverfälschtes Nahrungsmittel mit folgenden Vorzügen ist: Es ist relativ fettarm, cholesterinarm, reich an

Wild lebt natürlich – dies wirkt sich auch auf die Qualität des Wildbrets aus.

Die Stockente ist die häufigste heimische Entenart.

Mineralstoffen (Eisen, Kalium, Kupfer, Phosphor und Zink) und Vitamin B.

Aber Wild ist nicht unbegrenzt und zu allen Zeiten verfügbar. Und weil dies so ist – früher in noch höherem Maße – hängt dem Wildgenuss bis heute das Image des Elitären an. Wild galt lange Zeit als selten, teuer, aufwändig in der Zubereitung und schließlich als „Festtagsschmaus der Adligen". Das hat sich glücklicherweise schon vor einiger Zeit geändert.

Wild ist heute fast überall zu haben. Teuer kann es sein, muss es aber nicht. Unter Umständen ist es sogar preisgünstiger als Rindfleisch vom Metzger. Natürlich soll und kann man mit Wild ein Festmenü gestalten, doch für immer mehr Menschen ist Wild im Speiseplan fast schon zur Normalität geworden.

Die Qualität

Entscheidend für qualitativ hochwertiges Wildfleisch ist die Reifung. Diese wird durch die Menge des in der Muskulatur befindlichen Energielieferanten für die Muskelarbeit, dem Glykogen, bestimmt. Je höher der Gehalt an Glykogen ist, desto intensiver und länger verläuft die Reifung, die ja ein biochemischer Vorgang der Umwandlung von Glykogen in Milchsäure darstellt. Diese Milchsäure wirkt keimhemmend, sorgt für eine bessere Haltbarkeit und verleiht dem Wildbret das artspezifische Wildaroma. Außerdem fördert sie die Bildung von Enzymen, die wiederum für die Zersetzung der Muskelverhärter und Eiweißkörper im Bindegewebe verantwortlich sind. Unter Stress erlegtes Wild – oder geschlachtetes Vieh – enthält in seiner Muskulatur wesentlich weniger Glykogen und somit durchläuft dessen Fleisch eine weniger gute Reifung. Leider lässt sich dies in der Regel erst beim Braten erkennen. Es wird aber auch klar, dass stressfrei auf der Einzeljagd erlegtem Wild gegenüber auf der Drück- oder Treibjagd erlegtem der Vorzug zu geben ist.

Eine alte Regel besagt, dass Fleisch von jungen Tieren generell zarter und saftiger sei als von alten. Aus oben Gesagtem wird deutlich, dass sich diese Grundregel bei Wildtieren nur bedingt anwenden lässt. Es sind auch die Jagdbedingungen, die nachfolgende Behandlung des erlegten Wildes und die Art der Zubereitung des Fleisches, welche die Zartheit, Schmackhaftigkeit und Saftigkeit des zukünftigen Wildbratens ganz entscheidend bestimmen.

Wild ist nicht gleich Wild

Da inzwischen die Nachfrage nach Wildbret größer ist als das Angebot und wir in unserer Naturentfremdung und unserem unnatürlichen Konsumverhalten meinen, Wild müsse jederzeit zur Verfügung stehen, wollen – und müssen – einige geschäftstüchtige Unternehmer diesem Anspruch Rechnung tragen. Wild wird zu einem sehr hohen Prozentsatz aus dem Ausland eingeführt, ein kleiner Anteil stammt aus Gehegen und Parks. Ehemals wilde Tiere wie Damwild, Rotwild und Schwarzwild aus Gehegen sind jedoch nicht mehr „wild" im eigentlichen Sinne. Sie werden gefüttert, mehr oder weniger gemästet und medizinisch versorgt, das heißt zumindest auch mit Antibiotika behandelt. Was einige als Nachteil ansehen, sehen andere Köche als Vorteil an, denn diese Tiere aus Parks und Ge-

Morgenidylle: Rehe am Rande eines Dorfes.

hegen unterliegen, da sie nicht wild sind, der amtlichen Veterinäraufsicht. Dennoch bedeutet dies, dass derjenige, der sich in einem Restaurant einen Hirschbraten bestellt, nicht sicher sein kann, dass dieser Hirsch sich jemals im heimischen Wald ernährt hat. Auch bei einem vom Metzger gekauften Stück Wild ist nicht sicher, ob dieses Stück nicht aus Neuseeland, Südamerika oder Australien stammt. Das bedeutet für denjenigen, der am heimischen Herd Wild zubereiten möchte, dass das „Woher" und die Qualität des erworbenen Wildfleisches ganz außerordentlich entscheidend ist.

Wie kommt man an Wild?

Die einfachste und bequemste – aber vielleicht nicht immer die beste – Möglichkeit ist die, zum Metzger zu gehen und einen Rehbraten zu kaufen. Dies ist in der Regel aber auch die teuerste Art. Man kann mit so einem beim Metzger oder Wildhandel gekauften „Braten" Glück haben, jedoch weiß man in der Regel nicht, woher das Stück Fleisch stammt und wie es erlegt und weiterhin behandelt wurde. Es wird fast immer mit „Wild aus heimischen Revieren" bezeichnet.

Eine zweite – und schon etwas bessere – Methode ist es, über die heimische Jägerschaft das Wildbret zu beziehen. Aufgrund der gestiegenen Nachfrage und des vorhandenen Wildbestandes (zum Bespiel beim Schwarz- und Rehwild) gehen immer mehr Jägerschaften dazu über, ihr Wildbret „professionell" und zentral zu vermarkten. Im Telefonbuch oder im Internet findet man Adressen der örtlichen Hegeringe oder Kreisjägerschaften, die einem sagen können, ob, wo und wann man Wildbret erwerben kann. Ist der Kontakt erst einmal geknüpft, stellt sich die Frage, ob man das Wild ausgeweidet, gelüftet und gekühlt als Ganzes, also „in der Decke", wie der Jäger sagt, erwirbt, oder bereits portioniert, eingeschweißt und tiefgekühlt kauft. „In der Decke" ist besser und billiger, macht aber mehr Arbeit.

Der dritte und damit „goldene" Weg ist, Wild direkt vom Jäger zu erwerben. Er ist insofern der beste, als er die kostengünstigste Methode darstellt und man die Qualität des Wildes selbst beurteilen kann. Allerdings verlangt diese Methode ein gewisses Maß an „Spürsinn" und Fingerspitzengefühl, denn ein entsprechender Jäger – Jagdaufseher oder Jagdpächter – oder das nächste Forstamt müssen erst einmal gefunden und angesprochen werden und man muss zu ihnen ein Vertrauensverhältnis aufbauen.

Vertrauen ist insofern erforderlich, als der Jäger einerseits sicher sein möchte, dass der Kunde zu bestimmten Zeiten (denn nur zur Jagdzeit gibt es frisches Wild) eine gewisse Menge abnimmt, und umgekehrt, dass der Kunde dem Jäger vertrauen kann, nur einwandfreies Wildbret angeboten zu bekommen. Zunehmend bieten manche Jäger auch eingefrorenes Wildbret an.

Auch hier stellt sich wieder die Frage: Stückweise portioniert und/oder eingefroren oder am Stück und in der Decke? Die Beantwortung dieser Frage ist nicht ganz einfach. Eine ordentliche Qualitätskontrolle ist bei eingefrorenem Wildbret praktisch nicht möglich. Nur beim Stück in der Decke – fachmännisch ausgeweidet (aufgebrochen, wie der Jäger sagt), gut gelüftet, wenige Stunden später in den Kühlraum gebracht und heruntergekühlt auf sieben Grad, mehrere Tage abgehangen – kann der Kunde sehen, wo der Schuss saß (oder sitzt), wie das Stück riecht und aussieht. Riecht das Wild unangenehm, faulig, scharf, nach Urin oder Pansen – Finger weg. Typisch guter Wildgeruch ist angenehm und leicht (aber wirklich nur leicht) säuerlich.

Dunkelrotes, fast schwarzes Fleisch besagt, dass es schon länger (vielleicht zu lange?) reift; kupferrotes Fleisch lässt ahnen, dass die Reifung falsch verlaufen ist; grünliche Färbung gar verrät eine Verunreinigung. Gesundes Fleisch sieht frisch kräftig rot aus.

Wird „frisches Wild" – gar noch zu besonders günstigen Preisen – außerhalb der Jagdzeiten angeboten, kann man sicher sein, dass es schon länger tiefgefroren ist. Tiefgefrostete Ware ist grundsätzlich genauso gut wie frisches Fleisch, sofern sie nicht überlagert ist. Häufig werden aber auf Tiefkühlware die Haltbarkeitsdaten länger angesetzt als es dem Wildfleisch (besonders beim Schwarzwild) zuträglich ist. Ranziges Fleisch (verursacht durch die höheren Fettanteile) verschlechtert den Geschmack derart, dass es nicht mehr genießbar ist.

Vom Erzeuger in die Küche

Wie könnte also nun der „goldene Weg" der Wildbretbeschaffung direkt „vom Erzeuger" aussehen? Der Jäger erlegt beispielsweise abends einen Rehbock mit gutem Schuss. Kurz nach der Erlegung „bricht" der Jäger den Bock fachmännisch „auf", das heißt, er weidet ihn aus, entfernt die Innereien und untersucht und beurteilt diese auf eventuelle Krankheitssymptome. Dann lässt er ihn am Ort mehrere Minuten auskühlen, ehe er ihn auf schnellstem Wege nach Hause bringt, ihn zum Lüften gespreizt im Kühlhaus, Kühlraum oder Kühlschrank aufhängt und auf etwa sieben Grad herunterkühlt (immer noch in der Decke, das ist wichtig, damit das Fleisch nicht austrocknet) und abhängen lässt. Abends noch oder spätestens am nächsten Morgen benachrichtigt er den Kunden, dass er den bestellten Bock erlegt hat und vereinbart die Länge des Abhängens – etwa drei bis fünf Tage – und den möglichen Übergabetermin und Preis, der abhängig ist vom Gewicht.

Das Zerwirken des Fleisches kann man entweder selber übernehmen oder man bittet einen Metzger darum, dies für ein bestimmtes Entgeld zu erledigen.

Aus dem fertig zerlegten Bock werden letztendlich folgende küchenfertige Teile gewonnen:

- Rücken
- Hals
- zwei Keulen (Schlegel)

- zwei Vorderblätter
- zwei Filetstücke
- Kleinteile (z.B. aus den Rippen) für Ragout oder Gulasch

Die Stücke können wahlweise entbeint und auf entsprechende Größen zurechtgeschnitten werden. Entweder löst man die Rückenmuskelstücke sofort heraus, um sie als Medaillons oder Filets einzufrieren, oder man lässt den Rücken als Ganzes erhalten.
Sofern man einen entsprechenden Kühlraum hat, kann man die fertigen Fleischstücke nochmals 24 Stunden abhängen lassen. Man kann sie aber auch gleich portionsweise in gut haltbare Gefrierbeutel packen, entlüften, einschweißen und einfrieren. Inhaltsangabe sowie Verpackungsdatum sollten außen auf jedem Beutel mit gut lesbarer Schrift vermerkt werden, da auch die Gefrierdauer von fachgerecht eingeschweißtem Wildbret Grenzen hat.

Haltbarkeit in der Tiefkühltruhe (bei -18 °C)

Rot-, Dam- und Sikawild	*12 Monate*
Rehwild	*12 Monate*
Schwarzwild	*6 bis 8 Monate*
Hase und Kaninchen	*8 Monate*
Wildtaube und Rebhuhn	*8 Monate*
Wildente und Fasan	*4 Monate*
Schnepfe	*6 Monate*
Wildgans	*4 Monate*

Ein Wort noch zum Einschweißen: Tendiert man hier zu eher preisgünstigen Materialien und Geräten, ist dies ein Sparen am falschen Ende, denn aufgerissene Beutel (da zu dünn) oder Gefrierbrand am Fleisch (da zu viel Luft in der Verpackung) sind die Folge und eine Einlagerung bis zum Ende der Einlagerungsfrist ist nicht möglich. Manch gutes Bratenstück musste schon

Die Brunftzeit der Rothirsche ist im September und Oktober.

Feldhasen sind bei uns sehr verbreitet.

aufgrund totalen Gefrierbrandes (das Fleisch wird hell, fasert und gefriert aus) entsorgt werden. Die Abfälle des Zerwirkens, also Knochen, Decke und Läufe, nimmt entweder der Metzger oder aber auch der Jäger mit. Wer mag, kann sich auch einige klein gehackte oder zersägte Knochen zurückbehalten und sie einfrieren, um sie später bei der Herstellung von Soßen zu verwenden.

Ist alles ordnungsgemäß in der Truhe, wird diese, wenn möglich, gemäß Betriebsanleitung eine Weile auf Superfrost gestellt.

Eine gute Beziehung zu einem Jäger hat übrigens noch den weiteren Vorteil, dass man auch schon mal Wildteile erhält, an die man sonst nicht ohne weiteres herankommt und die es in der Regel nicht zu kaufen gibt wie frische Wildschwein- oder Hirschleber, Herz und Nierchen oder Lecker (Zunge).

Wer keinen Kontakt zu einem Jäger oder Förster hat, sollte den vielleicht etwas weiteren Weg zu gut geführten Wildeinzelhandelsgeschäften gehen, um dort Wildbret zu kaufen.

Wild und Gesundheit

Von jeher hat Wildbret in der Diätküche einen hohen Stellenwert. Es gilt als mager und leicht verdaulich. Die Gefahr, mittels Wildfleisch den Cholesterinspiegel heraufzutreiben, besteht nur, wenn oft Innereien wie Leber, Nieren, Herz und Lunge verzehrt werden. Wer häufig und überwiegend nur junges Wild – unter drei Jahre – isst, muss damit rechnen, dass der Harnsäurespiegel wegen der im jungen Wild enthaltenen Purine geringfügig ansteigt.

Von Wildfleisch-Kritikern (und Gegnern) wird hin und wieder auf die Strahlenbelastung seit dem Reaktorunfall von Tschernobyl hingewiesen und davor gewarnt. Da Wildtiere gute Umweltindikatoren sind, wird Wildfleisch regelmäßig gerade auf diese Strahlenbelastung hin untersucht. Die Untersuchungen haben ergeben, dass Wild, wenn überhaupt, nur kurzfristig in eng umrissenen und bekannten Regionen eine geringfügig höhere Belastung aufweist als Weidevieh.

Wildbret sollte, gerade auch im Hinblick auf den besonderen Weg vom Revier über die kühle Lagerung und gegebenenfalls Tiefkühlung, immer gut durchgebraten werden. Alle Wildbretköche sind sich einig, dass gut durchgebratenes Wildfleisch genauso saftig ist wie halbgares, also „rosa Fleisch".

Wildbretkalender

Über das Vorkommen und die Häufigkeit bestimmter Wildarten genaue Angaben zu machen und sie einer bestimmten Region zuzuordnen, ist schwierig, da sich im Laufe der Zeit die Verbreitung einzelner Tierarten stark ver-

Damwild wird häufig in Gehegen gezüchtet.

ändert hat. Sogar schon innerhalb weniger Jahre oder Jahrzehnte kann sich eine Tierart explosionsartig vermehren und mancherorts schon fast zu einer Plage werden, wie es zurzeit bei den Wildschweinen der Fall ist. Kaum eine Region Deutschlands ist noch von der stetigen Zunahme der Wildschweine ausgenommen, daher stellt die Beschaffung dieses Wildbrets kein Problem dar. Andere Tierarten dagegen wie zum Beispiel Rebhuhn oder Auerhuhn, die noch im vorigen Jahrhundert häufig erlegt wurden, sind selten geworden und in vielen Gegenden ausgestorben. Daher werden sie in diesem Buch erst gar nicht aufgeführt.

Im Folgenden finden Sie die wichtigsten Informationen über Vorkommen und Hauptjagdzeit der einzelnen Tierarten und die Erklärung einiger Fachbegriffe aus der Jägersprache, die jeder kennen sollte, der sich um die Zubereitung des Wildbrets in der Küche kümmert.

Rehwild (Rehe)

Das Reh kommt überall in Deutschland vor und ist des Jägers liebstes Wild. Es landet von allen Wildarten am häufigsten auf dem Tisch.

Jährlich werden über eine Million Rehe bei uns erlegt. Je nach Alter und Geschlecht der Tiere gelten unterschiedliche Jagdzeiten, die auch regional von den hier angegebenen Zeiten geringfügig abweichen können. Als Blattzeit wird die Paarungszeit der Rehe bezeichnet. Sie fällt in die Monate Juli und August.

Bezeichnung		Hauptjagdzeit
Bock	männlich	1. Mai bis 15. Oktober
Ricke	weiblich	September bis Januar
Schmalreh	weiblich, einjährig	Mai bis Januar
Kitz	unter 1 Jahr	September bis Januar

Schwarzwild (Wildschweine, Sauen)

Wie schon erwähnt, haben die Bestände des Schwarzwildes in den letzten Jahren enorm zugenommen, so dass in vielen Gegenden sogar trotz erhöhten Jagddrucks die Bestandszahlen und die damit verbundenen Flurschäden durch Wildschweine immer weiter zunehmen. Da Jungtiere örtlich ganzjährig gejagt werden dürfen, stellt das Beschaffen von frischem Wildschweinfleisch kein Problem dar.

Die Paarungszeit der Wildschweine wird als Rauschzeit bezeichnet und fällt in die Monate November bis Januar.

Bezeichnung		Hauptjagdzeit
Keiler	männlich	August bis Januar
Bache	weiblich	August bis Januar
Überläufer	einjährig	August bis Januar (örtlich ganzjährig)
Frischling	unter 1 Jahr	ganzjährig

Rotwild (Rothirsch)

Rotwild kommt in den meisten waldreichen Mittelgebirgen, in der Heide und in den Bergen bis etwa 2000 m Höhe vor. In manchen Bundesländern wie zum Beispiel in Bayern dürfen Rothirsche nur in so genannten Rotwildgebieten gehegt und erhalten werden. Die Brunft fällt in die Monate September und Oktober. Dann hört man weithin das Brunftgeschrei der Hirsche durch den Wald dröhnen. Diese Zeit stellt einen der jagdlichen Höhepunkte im Jahr dar.

Schwarzwild hat sich in Deutschland stark vermehrt, sodass es ein großes Angebot gibt.

Bezeichnung		Hauptjagdzeit
Hirsch	männlich (2 bis 12 Jahre)	August bis Januar
Alttier	weiblich (2 Jahre und älter)	August bis Januar
Schmaltier	weiblich (1 bis 2 Jahre)	Juni bis Januar
Schmalspießer	männlich (1 bis 2 Jahre)	Juni bis Januar
Kalb	männl./ weibl. (unter 1 Jahr)	August bis Januar (örtlich Februar)

Damwild

Das Damwild ist eine sehr „bunte" Wildart. Es kommt in den Farben Schwarz, Weiß und Wildfarben vor. Vor der letzten Eiszeit war das Damwild in ganz Europa verbreitet, verschwand dann aber in weiten Teilen des Kontinents. Bei uns ist das Damwild wieder über Dänemark eingewandert. Die größten Bestände finden sich heute in Niedersachsen, Schleswig-Holstein, Brandenburg und Mecklenburg-Vorpommern. Allerdings wird Damwild auch sehr häufig in Gehegen gezüchtet, die das Fleisch meistens an die Gastronomie liefern. Die Brunft fällt in die Monate Oktober und November.

Bezeichnung		Hauptjagdzeit
Damhirsch	männlich	September bis Dezember
Damtier	weiblich	September bis Dezember
Damschmaltier	weiblich (1 bis 2 Jahre)	Juli bis Dezember
Damspießer	männlich (1 bis 2 Jahre)	Juli bis Dezember
Damkalb	männl./ weibl. (unter 1 Jahr)	September bis Dezember

Muffelwild (Mufflons)

Das Muffelwild ist eine Wildschafart, die über Mittelasien zu uns gelangt ist. Es lebt vorwiegend in den Mittelgebirgswäldern. Die stärksten Vorkommen finden sich in Thüringen, Sachsen-Anhalt, Rheinland-Pfalz und Brandenburg. Die Brunft fällt in die Monate November und Dezember.

Bezeichnung		Hauptjagdzeit
Widder	männlich	August bis Januar
Schaf	weiblich	August bis Januar
Schmalschaf	weiblich (1 bis 2 Jahre)	August bis Januar
Lamm	männl./weibl. (unter 1 Jahr)	August bis Januar

Gamswild (Gämsen)

Die Gämse stammt ursprünglich aus Ostasien und ist eine typische Tierart der Hochgebirge. Das größte Verbreitungsgebiet sind die Alpen. Die Brunft fällt in die Monate November bis Dezember.

Bezeichnung		Hauptjagdzeit
Bock	männlich	August bis Dezember
Geiß, Gams	weiblich	August bis Dezember
Schmalgeiß	weiblich (1 bis 2 Jahre)	August bis Dezember
Kitz	männl./weibl. (unter 1 Jahr)	August bis Dezember

Niederwild

Die Bezeichnung Niederwild ist ein überlieferter Begriff für kleinere, weniger wertvolle Wildarten, deren Erlegung früher nicht nur den Landesfürsten vorbehalten, sondern auch den einfachen Bürgern erlaubt war. Hierbei unterscheidet man Haarwild wie Hase und Wildkaninchen von Flugwild wie Ente, Gans, Fasan und Taube.

Die Jagdzeiten des Niederwildes (Haar- wie Flugwild) sind im Wesentlichen die Monate September bis Januar, doch gibt es hier regional sehr große Unterschiede.

Hasen kommen von der Nordsee bis in die Alpenregion vor, wobei die Tiere offene Agrarlandschaften bevorzugen und größere Waldgebiete meiden. Die Bestandszahlen können regional sehr unterschiedlich sein. Im üblichen Sprachgebrauch unterscheidet man den Feldhasen vom Schnee- oder Alpenhasen, der ausschließlich im Gebirge vorkommt.

Wildkaninchen werden vorwiegend in der Nordhälfte und in den mittleren Regionen unserer Republik gejagt. Obwohl die Tiere sehr häufig sind und teilweise auch zur Plage werden können, unterliegen sowohl ihre Bestandszahlen als auch die Grenzen ihres Verbreitungsgebietes ständigen Schwankungen.

Zwar sehen sich Hase und Kaninchen auf den ersten Blick recht ähnlich, dennoch gehören sie unterschiedlichen Gattungen an. Der Hase bringt sehende, behaarte Junge zur Welt und legt sie in einer Mulde (Sasse) auf einem Feld oder einer Wiese ab. Das Kaninchen lebt in unterirdischen Bauen und bringt dort nackte, blinde Junge zur Welt.

Wildgänse sind vorwiegend in Norddeutschland anzutreffen. Vor allem in der norddeutschen Tiefebene rasten und überwintern die Tiere in großen Scharen.

Wenn von Wildenten gesprochen wird, ist meistens die Stockente gemeint, obwohl auch andere Arten gejagt werden und für den Verzehr geeignet sind. Die Stockente, auch Märzente genannt, kommt in ganz Europa vor und ist die häufigste einheimische Entenart.

Ringeltauben sind DIE Wildtauben und sehr häufig.

Die Ringeltaube oder Wildtaube hat nichts mit den verwilderten Haustauben zu tun. Früher galt sie als eine Seltenheit, heute ist sie dagegen zahlreich zu finden und kann sogar in manchen Gemüseanbaugebieten im Rheinland und im Münsterland so manchen Schaden anrichten. In Waldgebieten ist sie weniger häufig.

Welches Wild zu welcher Jahreszeit?

Schalenwild (Reh-, Rot-, Schwarz-, Dam-, Muffel- und Gamswild) sowie Niederwild bekommt man nur zur Jagdzeit frisch. Eingefrorenes Wildbret ist – fast – das gesamte Jahr über im Handel zu bekommen. Außer beim Rehwild sollte man männliches Wild in der Paarungszeit aufgrund des intensiven Eigengeruches nicht nehmen. Wie schon erwähnt ist stressfrei erlegtes Wild dem in der Treib- und Drückjagdzeit, also im Herbst auf eben diesen Jagden erlegten, vorzuziehen. Gerade bei größeren Verwaltungs- und Eigenjagden fallen im Herbst zur Jagdzeit große Mengen Wildbret an. Wer Kontakt zu einem örtlichen Jäger hat, kann die gesamte Jagdzeit über Wild aus der Einzeljagd bekommen

Mengenangaben in den Rezepten

1 Tasse entspricht 150 ml
1 Glas entspricht 100–125 ml

Einige wichtige Fachbegriffe für die Wildbretküche

Aufbrechen: Ausweiden, Entnahme der Innereien
Aufbruch: Innereien
Zerwirken: in kochfertige Stücke zerlegen, zerschneiden
Träger: Hals des Schalenwildes
Keule: hinterer Schlegel
Blatt: Vorderschlegel, auch Schaufel oder schwäbisch Schäufele
Ziemer: Rücken (Schalenwild)
Lecker: Zunge (Schalenwild)

Fasanensuppe

Zutaten für 4 Personen

250 g Wildknochen (ersatzweise Rinderknochen)
Reste vom Fasan (Beine, Flügel, Knochen)
1 Bd Suppengrün
1 kleine Zwiebel
1 Knoblauchzehe
1 Prise Zucker
etwas Basilikum
4 Wacholderbeeren
2 l Wasser
1 Glas trockener Sherry
1/2 Bd Petersilie

- Suppengrün putzen und mit Küchengarn zusammenbinden
- Wildknochen waschen und zusammen mit den Fasanenresten sowie dem Suppengrün in gesalzenes kaltes Wasser geben und erhitzen
- Zwiebel schälen und klein schneiden, Knoblauchzehe schälen und durch die Presse drücken
- Beides mit den anderen Gewürzen hinzugeben, aufkochen und bei reduzierter Hitze 90 Minuten köcheln lassen
- Fasanenteile und Wildknochen aus der Suppe nehmen, Fleisch von den Knochen lösen und würfeln
- Suppengrün ebenfalls herausnehmen und klein schneiden, übrige Brühe durch ein Sieb zurück in den Topf geben
- Fleisch und Suppengrün wieder darin erhitzen, mit Sherry abschmecken
- Die Petersilie fein hacken und darüber streuen
- Nochmals abschmecken und mit einer Scheibe frischem Weißbrot heiß servieren.

Tipps

Das Verhältnis Wildknochen zu Fasanenresten lässt sich beliebig variieren, je nachdem wie viele Fasane man zuvor zubereitet oder gegessen hat.
Aus den gleichen Zutaten lässt sich auch eine klare Fasanensuppe zubereiten, wenn man die fertige Brühe durch ein Sieb gibt, mit dem Schneebesen ein Eiweiß darin aufschlägt und die Brühe unter ständigem Rühren erhitzt. Nochmals durch ein Tuch geben und dann erst Fleisch und Suppengrün hinzugeben.

Schaut man in alte Wildkoch- und Jägerbücher, waren früher Wildgeflügelsuppen auf dem Sonntagstisch Tradition. Hierbei standen aber nicht nur Fasan und Taube auf dem Speiseplan, sondern auch aus Jungkrähen, Krammetsvögeln (Drosseln) und Eichelhähern wurden Suppen zubereitet.

PRODUCE

Hasensuppe französisch

Zutaten für 4 Personen

500 g tiefgefrorenes Hasenklein (Hasenpfeffer)

1 Dose Champignons (250 g)

1 Zwiebel

2 Lorbeerblätter

4 Nelken

einige Pfefferkörner und Wacholderbeeren

Salz

30 g Butter

30 g Mehl

1 EL scharfer Senf

2 EL Johannisbeergelee

1 Schnapsglas Madeira

Saft einer Orange

1 EL Zitronensaft

1/8 l Sahne

abgeriebene Schale einer unbehandelten Orange

- Hasenklein auftauen lassen, mit kaltem Wasser abspülen und abtropfen lassen
- Zwiebel schälen und mit Lorbeerblättern und Nelken spicken
- Pfefferkörner und Wacholderbeeren zerdrücken
- 1 l Wasser in einem Topf erhitzen und aufkochen lassen, dann Gewürze und Salz sowie Fleisch hinzugeben
- Bei mittlerer bis geringer Hitze zugedeckt etwa 60 Minuten kochen
- Champignons abtropfen lassen und halbieren
- Das Fleisch aus der Brühe nehmen, von den Knochen lösen und klein würfeln, Brühe durch ein Sieb geben
- Butter in einem Topf erhitzen, Mehl unter Rühren hinzugeben, drei Minuten bräunen lassen, mit Brühe aufgießen und 5 Minuten kochen lassen
- Senf, Johannisbeergelee, Madeira, Orangen- und Zitronensaft verrühren, in die Brühe geben und bis kurz vor dem Kochen erhitzen
- Fleischstücke und die halbierten Champignons zusammen mit der Flüssigkeit dazugeben und unterrühren
- Sahne leicht schlagen und vorsichtig unterheben
- Die Hasensuppe mit geriebener Orangenschale bestreuen und zusammen mit frischem Landbrot servieren.

TIPP

Bei dieser recht mächtigen Suppe (für kalte Tage) sollte der Hauptgang ein möglichst leichtes Gericht darstellen.

Taubenkraftbrühe

Zutaten für 4 Personen

4–6 Ringeltauben je nach Größe
200 g mageres Rindfleisch zum Kochen
3 EL Öl
2 Möhren
1 Stange Lauch
1 Eiweiß
Salz
frisch gemahlener Pfeffer
1 Prise Muskat

- Die ausgenommenen und gerupften Wildtauben unter fließendem kalten Wasser waschen, abtropfen lassen und mit Küchenpapier innen und außen trockentupfen
- Öl im Bräter erhitzen und die Taubenkörper von allen Seiten goldbraun anbraten
- Rindfleisch in Stücke schneiden
- Möhren und Lauch putzen und waschen, in Scheiben schneiden und in einem nicht zu kleinen Topf in 2 l Salzwasser aufkochen
- Tauben und Rindfleisch hinzugeben und alles mindestens 60 Minuten kochen lassen
- Tauben aus der Brühe nehmen und das Fleisch eventuell für andere Gerichte verwenden
- Eiweiß mit 3 EL kaltem Wasser verquirlen und zum Klären in die Brühe rühren
- Brühe leicht erkalten lassen, durch ein sauberes Leinentuch gießen, wieder erhitzen und mit Salz, Pfeffer und Muskat abschmecken.

TIPP

Wildgeflügelkraftbrühe kann durch verschiedene Einlagen verfeinert werden, sie sollte aber – das ist ein Muss! – immer goldklar sein und dies auch bleiben. Als Einlage eignen sich je nach Geschmack Faden-, Sternchen- oder andere Suppennudeln sowie ein paar kleinere Pfifferlinge oder je nach Region auch einige kleine Suppenspätzle.

Wildschinkensalat nordisch

Zutaten für 4 Personen

Für den Salat:

- 1 l Wasser mit Salz
- 100 g Hörnchennudeln
- 250 g mild geräucherter Wildschinken
- 1 Banane
- Saft von einer Zitrone
- 1/2 Sellerieknolle (250 g)
- 1/2 kleinere Honigmelone (etwa 300 g)
- 125 g blaue Weintrauben
- 1 kleine Dose Erbsen

Für das Dressing:

- 50 g Majonäse
- 1/8 l saure Sahne
- Saft einer halben Zitrone
- Salz
- frisch gemahlener Pfeffer
- 1 Prise Zucker

Für den Salat:

- Nudeln in Salzwasser nach Anleitung bissfest kochen, auf ein Sieb schütten und mit kaltem Wasser großzügig abschrecken, abtropfen und auskühlen lassen
- Wildschinken in 2 cm große Würfel schneiden und zusammen mit den erkalteten Nudeln in eine Schüssel geben
- Banane schälen, in ½ cm breite Scheiben schneiden und mit der Hälfte des Zitronensaftes beträufeln
- Sellerieknolle unter fließendem Wasser abbürsten, schälen, nochmals abspülen und trockentupfen
- Auf einer Reibe grob reiben und mit dem restlichen Zitronensaft beträufeln
- Aus der Honigmelone die Kerne entfernen und mit einem Kartoffelbohrer (oder Apfelgehäuseentferner) aus dem Fruchtfleisch Kugeln stechen
- Weintrauben waschen, halbieren und die Kerne entfernen
- Erbsen auf einem Sieb gut abtropfen lassen
- Alles mit Bananenscheiben und Sellerie unter die Nudeln und den Schinken heben und gut durchmischen

Für das Dressing:

- Majonäse und saure Sahne in einer Schüssel verrühren, mit Zitronensaft, Salz, Pfeffer und Zucker abschmecken
- Salat mit Marinade begießen und zugedeckt mindestens 1 Stunde im Kühlschrank durchziehen lassen, abermals abschmecken und in einer durchsichtigen Salatschüssel servieren.

Nordischen Wildschinken nimmt man – klassisch – vom Elch. Elchschinken ist der beste! Doch auch Schinken vom Dam- oder Rothirsch und sogar vom Wildschwein sind für Salate geeignet. Wildschinken kann man entweder in guten Wildhandlungen extra bestellen (es dauert eine Weile, da dieser behutsam geräuchert werden muss) oder erhält ihn in gut sortierten Delikatess- und Feinkostgeschäften.

Tipp

Da Wildschinken ein ganz außergewöhnlich markantes Aroma hat (oder haben sollte), empfiehlt sich zum Salatdressing und Garnieren eine feine, dezente Wildkräutermischung.

Herbstlicher Wildsalat

Zutaten für 4 Personen

Für den Salat:

400 g Wildfleisch

1 Apfel

100 g Cheddar-Käse

1 frischer Pfirsich (oder 2 Hälften aus der Dose)

100 g Pfifferlinge aus der Dose

1 EL Zitronensaft

Für das Dressing:

4 EL Balsamico-Essig

3 EL Öl

Salz

frisch gemahlener Pfeffer

Für den Salat:

- Das Wildfleisch möglichst rosa braten, erkalten lassen und in nicht zu große Würfel schneiden
- Apfel schälen, Kerngehäuse entfernen und grob würfeln
- Käse und den geschälten Pfirsich ebenfalls würfeln und alles zusammen in eine Schüssel geben

Für das Dressing:

- Aus Balsamico-Essig, Salz, Pfeffer und Öl eine Salatsoße anrühren und mit Pfeffer würzen
- Über den Salat gießen, durchmischen und mindestens eine halbe Stunde ziehen lassen
- Den Salat in großen, flachen Cocktailgläsern anrichten
- Die abgetropften Pfifferlinge mit Zitronensaft beträufeln und den Salat damit garnieren
- Mit Stangenweißbrot und einem trockenen Burgunder servieren.

Tipp

Zweckmäßigerweise erhält man das Wildfleisch aus den Resten eines vorherigen Gerichtes. Man kann aber gezielt das Fleisch von einer Wildart – besser noch ein Mix von mehreren Wildarten wie Hirsch, Reh und Hase – aussuchen und für diesen Salat vorbereiten. Statt mit Pfirsich lässt sich dieser herzhafte, frische Salat auch mit Kürbis-Kompottstücken zubereiten.

Gefüllter Rehbraten
nach Winzerart

Zutaten für 4 Personen

Für den Braten:

800–1000 g Rehrückenfilets
1/2 Tasse Olivenöl
2 Knoblauchzehen
je 1 TL Rosmarin, Thymian und Majoran
2–3 EL Butterschmalz
1 Bd Suppengemüse
1/4 l gebundene, helle Soße
200 g grüne Weintrauben
1/2 Becher Sahne
Salz
frisch gemahlener Pfeffer

Für die Füllung:

1 altbackenes Brötchen
etwas Milch zum Einweichen
200 g geriebener Käse (z. B. Gouda oder nicht zu alter Parmesan)
1 Prise Muskat
12–15 eingelegte Weinblätter

Für den Braten:

- Die Rehrückenfilets waschen, mit Küchenkrepp trockentupfen und in eine Schüssel geben
- Knoblauchzehen schälen und mit Salz zerdrücken
- Das Olivenöl mit Knoblauch und Kräutern verrühren, das Fleisch damit übergießen und im Kühlschrank 2 bis 3 Stunden ziehen lassen
- Die Filets herausnehmen, abtropfen lassen und jeweils eine Tasche einschneiden

Für die Füllung:

- Das Brötchen in der Milch einweichen
- Das gut ausgedrückte Brötchen in eine kleine Schüssel geben, mit dem Käse vermischen und mit Salz, Pfeffer und Muskat abschmecken
- Die Weinblätter auf einer Arbeitsfläche auslegen, die Käsemasse darauf verteilen, die Blätter aufrollen und vorsichtig in die Taschen der Rehrückenfilets füllen
- Eventuell die Filets mit Küchengarn umwickeln, um die Füllung zu fixieren

- Den Backofen auf 200 °C (Umluft 180 °C, Gas Stufe 4) vorheizen
- Das Butterschmalz in einem Bräter erhitzen, die Rehrückenfilets kurz anbraten, bis sie Farbe annehmen, salzen und pfeffern, dann das geputzte und klein geschnittene Suppengemüse dazugeben und kurz mitbraten
- Die gebundene, helle Soße angießen, den Bräter abdecken und die Filets im vorgeheizten Ofen etwa 80 bis 90 Minuten schmoren lassen, dann herausnehmen und warm stellen
- Die Weintrauben halbieren und entkernen, die Soße durch ein Sieb passieren, die Sahne und die halbierten Weintrauben einrühren und erhitzen
- Die Rehrückenfilets in Scheiben schneiden und mit der Soße anrichten.

Tipp

Statt Knoblauchzehen kann man zur passenden Jahreszeit Bärlauchblätter verwenden.
Die Weinblätter kann man auch klein schneiden, unter die Käsemasse heben und die Masse so in die Filets füllen.

Hierzu passt ein trockener Weißwein, vorzugsweise der gleichen Art wie die Trauben, wie zum Beispiel eine Scheurebe aus Franken.

Marinierte Rehsteaks
vom Grill

Zutaten für 4 Personen

Für die Steaks:

8 Rehsteaks

je 1 TL Basilikum, Oregano, zerriebene Pfefferkörner

1 Tasse Olivenöl

6 Tomaten

1 Zucchini

Salz

frisch gemahlener Pfeffer

Für den Salat:

200 g Feldsalat

2 Frühlingszwiebeln

3 EL Balsamico-Essig

3 EL Kürbiskernöl (oder ersatzweise Erdnussöl)

1 Prise Zucker

Außerdem:

4 Portionen franz. Weißbrot (Baguette)

Für die Steaks:

- Die gewaschenen Rehsteaks trockentupfen, mit Salz, Pfeffer, Basilikum und Oregano einreiben, in eine Schüssel legen und mit geriebenem Pfeffer bestreuen
- Olivenöl darüber gießen und die Steaks im Kühlschrank etwa vier Stunden durchziehen lassen
- Die Steaks auf dem Grill nicht zu lange braten, sie sollen innen noch rosa sein
- Zwei Tomaten und die Zucchini in Scheiben schneiden, leicht salzen und pfeffern, mit den restlichen Tomaten auf den Rost legen und ebenfalls grillen
- Weißbrot in dicke Scheiben schneiden und nach Geschmack auf dem Grill leicht anrösten

Für den Salat:

- Den verlesenen, gewaschenen Feldsalat trockenschleudern und in eine Schüssel geben
- Die Frühlingszwiebeln putzen, klein schneiden und darüber streuen
- Den Balsamico-Essig mit dem Kürbiskernöl verrühren, mit Salz und Pfeffer kräftig abschmecken und über den Salat geben
- Die fertigen Rehsteaks mit dem Feldsalat anrichten, mit Tomaten- und Zucchinischeiben belegen, garnieren und servieren.

TIPP

Dazu passt eine feurige Tomaten-Paprika-Soße.

Das Vorurteil, Wild könne man nicht grillen, ist schon längst widerlegt. Ganz im Gegenteil. Mit Wild gibt man dem üblichen Grill-Einerlei eine ganz pikante und aparte Note. Allerdings empfiehlt sich die Verwendung von Alufolie oder Alu-Grilltellern, um ein frühzeitiges Durch- oder Trockenbraten zu vermeiden.

Rehmedaillons
mit Bärlauchsoße

Zutaten für 4 Personen

600 g ausgelöster Rehrücken

250 g Frühlingszwiebeln oder Perlzwiebeln (Glas)

1 Hand voll Bärlauch

250 g grüne (Stangen-)Bohnen

350 g Kirschtomaten

1 TL frische Thymianblätter

1 EL Butter

2 EL Butterschmalz

1 Tasse Rinderbrühe

Salz

frisch gemahlener Pfeffer

150 g Crème fraîche

Außerdem:

12 möglichst kleine neue Kartoffeln

Butter oder Olivenöl zum Dünsten

- Die innere Haut des Rehrückens entfernten, anschließend das Fleisch in Medaillons schneiden
- In einem Topf Salzwasser erhitzen
- Frühlingszwiebeln und Bohnen putzen
- Die Stiele der Bärlauchblätter entfernen, dann die Blätter kurz blanchieren, mit kaltem Wasser abschrecken, damit sie ihre grüne Farbe behalten, nicht zu kräftig ausdrücken und in feine Streifen schneiden, dann beiseite stellen
- Die Bohnen in kochendem Salzwasser bissfest garen, dann abgießen und abtropfen lassen
- Die Kirschtomaten mit dem Thymian in Butter kurz andünsten, dann die Frühlings- oder Perlzwiebeln und zum Schluss die Bohnen dazugeben
- In einer zweiten Pfanne die Medaillons beidseitig in Butterschmalz anbraten, die Brühe dazugeben, mit Salz und Pfeffer würzen, zugedeckt gar dünsten und auf eine vorgewärmte Platte geben
- Crème fraîche und den Bärlauch in die Bratensoße einrühren und mit den Medaillons und dem Gemüse servieren
- Dazu passen kleine neue Kartoffeln, die nur gewaschen und sauber gebürstet mit Schale in Butter oder Olivenöl gedünstet werden, bis sie gar sind.

Die Jagd auf Rehbock und Schmalreh beginnt am 1. Mai, genau jene Zeit, in der es frischen Bärlauch und die ersten Frühkartoffeln gibt – und es den Wildgourmet nach etwas Frischem „aus der Natur“ gelüstet …

Tipp

Statt des Rehrückens lässt sich auch ein Frischlingsrücken verwenden.

Reh-Geschnetzeltes
mit Spargelspitzen

Zutaten für 4 Personen

750 g ausgelöster Rehrücken
1 EL Butter
1/2 Bd Petersilie
1/2 Bd Zitronenthymian
1 1/2 Tassen Rinderbrühe
150 g grüne Spargelspitzen
2 Zwiebeln
250 g Champignons
4 EL Crème fraîche
1 Limette (oder 1/2 Zitrone)
Salz
Pariser Pfeffer (rot)

- Den Rehrücken enthäuten und in Streifen schneiden (schnetzeln)
- Die Zwiebeln schälen, fein hacken und in einer Pfanne in Butter bei mittlerer Hitze goldgelb braten
- Das Geschnetzelte zu den Zwiebeln geben, gut vermischen und anbraten
- Leicht salzen, Petersilie und Thymian im Ganzen dazugeben, mit Brühe ablöschen und zugedeckt etwa 15 Minuten dünsten
- Petersilie und Thymian aus der Brühe nehmen, ausdrücken und entfernen
- Die Champignons putzen, in Scheiben schneiden und dazugeben
- Weiter dünsten, dabei die Flüssigkeit etwas einkochen lassen und anschließend mit Limetten- oder Zitronensaft und Crème fraîche abschmecken
- In der Zwischenzeit die Spargelspitzen in Salzwasser blanchieren, sodass sie noch Biss haben
- Auf das Geschnetzelte legen und das Ganze mit rotem Pfeffer bestreuen
- Am besten gleich in der Pfanne mit neuen Kartoffeln als Beilage servieren.

Tipp

Wer dieses Frühsommer-Gericht auch später noch einmal wiederholen möchte (weil noch ein Rehrücken in der Truhe aufs Braten wartet), der kann anstatt der Champignons auch Pfifferlinge nehmen. Ebenso lässt sich der grüne durch weißen Spargel ersetzen.

Hierzu passt ein spritziger Rivaner von der Mosel, der ja auch gerne als der Spargelwein schlechthin bezeichnet wird.

Rehleber
mit Speck

Zutaten für 4 Personen

1 Rehleber

2 Rehnieren

150 g Frühstücksspeck (mild)

12 Schalotten

Salz

Pfeffer

2–3 EL Butter

- Leber enthäuten und in nicht zu kleine Streifen schneiden
- Die Nieren in jeweils drei Streifen schneiden
- Die Leberstücke mit Frühstücksspeck umwickeln und diesen mit Holzspießchen, Küchennetz oder Zwirnsfaden befestigen
- Die Schalotten schälen und in Ringe schneiden
- Schalottenringe bei mittlerer Hitze in einer großen Pfanne in Butter goldgelb braten, dann auf einem Teller zur Seite stellen
- In der gleichen Pfanne Leber und Nierchen von beiden Seiten braun anbraten und zum Schluss die Schalotten dazugeben
- Jetzt erst mit Salz und Pfeffer würzen
- Dazu passt kräftiges Grau- oder Schwarzbrot.

Tipp

Manche Köche legen die Leber vor dem Braten in Milch ein, damit sie nicht zu dunkel wird. Leber darf immer erst zum Schluss gesalzen werden (weil sie sonst zu viel Flüssigkeit verlieren würde) und sie sollte immer offen in der Pfanne gebraten werden, weil sie sonst grau wird und an Geschmack verliert.

Rehleber, genau wie die Nieren, gehören als genießbarer Teil des Aufbruchs (der Innereien) zum so genannten „Kleinen Jägerrecht". Dies steht immer dem Schützen zu. Somit ist klar, dass man an Rehleber nicht ohne weiteres herankommt. Doch da viele Jäger mehr Rehe schießen als sie Rehleber essen können, sollte man sich früh genug an einen Jäger wenden, der einem, meistens gleich nach dem Erlegen, eine frische Leber (so schmeckt sie am besten) bringt.

Rehnierchen
mit Pfifferlingen

Zutaten für 4 Personen

8–12 Rehnieren (je nach Größe)
800 g Pfifferlinge
4 Zwiebeln
1 Bd Petersilie
Salz
Pfeffer
2–3 EL Butter

- Die Haut der Nieren entfernen, anschließend die Nieren der Länge nach in drei dünne Scheiben schneiden
- Pfifferlinge putzen, Zwiebeln schälen und fein würfeln, Petersilie hacken
- Die Zwiebeln in einer großen Pfanne in Butter glasig braten und die Pfifferlinge hinzugeben
- Salzen, pfeffern und eventuell noch etwas Butter dazugeben
- In einer zweiten Pfanne die Nierenscheiben ebenfalls in Butter braten, anschließend salzen und pfeffern
- Die gebratenen Nierchen zu den Pfifferlingen geben und mit Petersilie bestreut servieren.

TIPP

Dazu passen grüner Salat und Bandnudeln, denen man mit etwas Safran Farbe verleiht. Die Nierchen werden am besten in der Pfanne auf den Bandnudeln serviert.

Dieses Gericht wird geschmacklich von den herzhaften Pfifferlingen dominiert, deshalb passt dazu am besten ein trockener bis halbtrockener Silvaner oder Müller-Thurgau aus Franken.

Hessisches Wildgulasch

Zutaten für 4 Personen

750 g Wildfleisch (vom Reh oder verschiedenen Wildarten)

50 g getrocknete Steinpilze oder andere Waldpilze

125 g Dörrfleisch (ersatzweise magerer Räucherschinken)

2 EL Schweineschmalz

6 Wacholderbeeren

2 Gewürznelken

1/4 l Brühe

2 Zwiebeln

2 Möhren

1 Stange Lauch

1/8 l Sahne

20 g Speisestärke

1 Glas Rotwein

2 EL Johannisbeergelee

Salz

frisch gemahlener Pfeffer

- Fleisch von Sehnen, Haut und Fett befreien und in kleine Würfel schneiden
- Pilze putzen und etwa 30 Minuten in lauwarmem Wasser einweichen
- Klein gewürfeltes Dörrfleisch oder Schinken in Fett anbraten, Wildfleisch dazugeben und rundherum kräftig anbraten
- Überflüssiges Fett abgießen
- Gewürze und Brühe hinzugeben und das Gulasch fast gar schmoren
- Zwiebeln schälen und klein schneiden.
- Möhren putzen und in Scheiben schneiden, Lauch waschen und in Ringe schneiden
- Das Gemüse und die Pilze hinzufügen und das Gulasch in etwa 15 bis 20 Minuten fertig garen
- Zum Schluss Wein und Gelee zugeben
- Soße etwas einkochen lassen, Stärke mit Sahne anrühren und die Soße damit binden
- Dazu passen Kartoffelklöße, Rotkraut und Apfelmus.

TIPP

Hier lassen sich keine genauen Garzeiten angeben, da sie bei verschiedenen Fleischsorten sehr unterschiedlich sein können. Ob das Fleisch gar ist, lässt sich daher am besten durch Probieren feststellen. Als Wein passt ein trockener Dornfelder aus Rheinhessen.

Dörrfleisch ist eine hessische Spezialität und nicht überall erhältlich. Ersatzweise können Sie nicht zu fetten geräucherten Schinken (Frühstücksschinken) oder, noch feiner, hauchdünnen Wildschweinschinken verwenden.

Schwäbisches Rehschäufele

Zutaten für 4 Personen

1 Vorderblatt (Rehschäufele) ohne Unterknochen (ersatzweise Keule von ca. 1 kg)

1 Knoblauchzehe

1 TL gemahlene Kräuter der Provence

30 g Butterschmalz

1 Glas Weißwein

1/4 l klare Fleischbrühe (am besten Wildbrühe)

je 1/2 grüne, gelbe und rote Paprikaschote

1 kleine Stange Lauch

1 kleine Dose Mais

Salz

frisch gemahlener Pfeffer

- Die Knoblauchzehe schälen und in Salz zerdrücken
- Das Rehschäufele damit einreiben und mit Salz, Pfeffer und Kräutern würzen
- Fett in der Pfanne erhitzen und das Fleisch rundum anbraten
- Den Bratansatz mit dem Weißwein loskochen
- Wildbrühe angießen und das Schäufele bei geschlossenem Deckel und mittlerer Hitze knapp 1 ½ Stunden schmoren lassen
- In der Zwischenzeit die Paprika waschen, putzen und in kleine Stücke schneiden
- Den Lauch ebenfalls waschen und in Ringe schneiden
- Mais in ein Sieb geben und abtropfen lassen
- Paprikastücke in Salzwasser kurz (höchstens 5 Minuten) garen, danach ebenfalls abtropfen lassen
- Gegen Ende der Garzeit Paprikastücke, Lauchringe und Mais zum Schäufele geben und die letzten 10 Minuten bei kleiner Hitze mitgaren lassen
- Schäufele herausnehmen, Knochen entfernen, das Fleisch aufschneiden, in die Pfanne geben und gleich darin mit dem Gemüse servieren
- Dazu passen Teigwaren (vorzugsweise Spätzle) oder Reis.

TIPP

Zu diesem bunten, fast südländisch anmutenden Wildgericht passt ein Thüngersheimer Johannisberg, Scheurebe Kabinett.

Rehrücken
im Gemüsebett

Tipp

Zu diesem Festtagsessen, das auch etwas fürs Auge ist, passt ein trockener südfranzösischer Château Philippe AOC Gaillac Rouge.

Zutaten für 4 Personen

Für den Rehrücken:

1 ganzer Rehrücken am Stück

50 g Butterschmalz

50 g gewürfelter Speck

1/8–1/4 l Rotwein

1 Zwiebel

80 g Butter

Salz

frisch gemahlener Pfeffer

2 EL Sahne

Speisestärke

Für das Gemüse:

je 200 g Champignons, Prinzessbohnen, Brokkoli, kleine bis mittelgroße Möhren, Rosenkohl, Erbsen

etwas Zucker und geriebene Muskatnuss

Für den Rehrücken:

- Den Rücken häuten und die Filets bis zum Rippenansatz lösen
- Den Rückenknochen – falls noch nicht vor dem Einfrieren geschehen – mit einer Geflügelschere der Länge nach abschneiden, so dass auf dem Rücken eine „Längsdelle" entsteht und zwischen den Wirbeln das Fleisch etwas anschneiden, damit der Rücken beim Kochen gerade bleibt
- Backofen auf 220 °C (Umluft 200 °C, Gas Stufe 5) vorheizen
- Fleisch pfeffern, salzen und beidseitig in Butterschmalz anbraten
- Rücken im Bräter mit den gebogenen Rippen nach unten legen, Speck zugeben, Wein angießen und zugedeckt im Backofen etwa 40 Minuten dämpfen
- Den Rücken anschließend herausnehmen, in Alufolie einschlagen und etwa 10 Minuten ruhen lassen
- Bratensatz mit einer Tasse Wasser loskochen und in einen Stieltopf geben

Für das Gemüse:

- Das Gemüse putzen, die Pilze und die Möhren in Scheiben schneiden, den Brokkoli in Röschen teilen
- Das Gemüse, außer den Pilzen, in siedendem Wasser etwa 5 Minuten kochen, mit kaltem Wasser abschrecken und abtropfen lassen
- Die Zwiebeln schälen und fein hacken, in einem Kochtopf Butter erhitzen, Zwiebel andünsten und in Abständen von 2 Minuten nacheinander Champignons, Bohnen, Brokkoli, Erbsen, Mohrrüben und Rosenkohl zufügen
- Durchmischen und Saft ziehen lassen, diesen abgießen und zum Bratensaft geben
- Zum Gemüse die gleiche Menge Wasser geben
- Bei geschlossenem Deckel nur so lange garen, dass es noch bissfest ist
- Währenddessen für die Soße Gemüse- und Bratensaft aufkochen, auf die Hälfte einkochen und durchsieben
- Mit Pfeffer und Salz abschmecken, mit Sahne verfeinern und mit Speisestärke binden
- Das Gemüse pfeffern und salzen, nach Wunsch mit einer Prise Zucker und Muskat verfeinern

- Rehrücken auf eine vorgewärmte Platte setzen und das Gemüse darum herumlegen
- Die Soße getrennt dazu reichen.

Frischlingssteaks
mit Bärlauch

Zutaten für 4 Personen

800 g ausgelöster Rücken vom Frischling

150 g durchwachsener Speck

1 Tasse Fleischbrühe

150 g Crème fraîche

2 Hand voll Bärlauch

4 rote Chilischoten

Salz

Pariser Pfeffer (rot)

1–2 EL Butterschmalz

Außerdem:

Holzspießchen zum Befestigen der Speckstreifen

- Fleisch in dünne Scheiben (2–3 cm) schneiden, den Rand mit Speck umwickeln und mit Holzspießchen befestigen
- In einer nicht zu kleinen Pfanne in Butterschmalz anbraten und salzen
- Brühe dazugießen, Chilis hinzugeben und zugedeckt etwa 10 Minuten dünsten lassen
- Die Steaks herausnehmen und warm halten
- Den Bärlauch in der Zwischenzeit in Salzwasser kurz blanchieren, ausdrücken und in Streifen schneiden
- Crème fraîche und die Bärlauchstreifen in die Soße einrühren, die Steaks wieder in die Pfanne geben und mit etwas rotem Pfeffer bestreuen
- Mit Naturreis und frischen Kaiserschoten servieren.

Aufgrund der bundesweit hohen Schwarzwildpopulation ist Wildbret vom Frischling das ganze Jahr über frisch zu bekommen und schmeckt besonders auch im Frühjahr – zur Bärlauchzeit – ganz hervorragend.

TIPP

Bärlauch steht im Frühjahr nur ganze sechs Wochen frisch zur Verfügung. Doch er lässt sich problemlos einfrieren oder – besser noch – in Olivenöl einlegen. In kleine Gläschen abgefüllt ist er im Kühlschrank lange haltbar.

Wildschweinrücken
mit Wintergemüse

Zutaten für 4 Personen

Wildschweinrücken vom Überläufer, ausgelöst, etwa 750 g

150 g fein geschnittener durchwachsener Räucherspeck

4 Kartoffeln (fest kochende Sorte)

2 Zwiebeln

2 Karotten

2 dickere Scheiben Sellerie

1 Stange Lauch

1/4 l Fleischbrühe

1 EL grüner Pfeffer

Salz

Butterschmalz

- Die innere Haut vom ausgelösten Rücken entfernen und das Fleisch in Scheiben schneiden
- In der Pfanne im Butterschmalz beidseitig gut anbraten, zur Seite stellen, salzen und abdecken
- Zwiebeln schälen und grob zerkleinern, Speck in Streifen schneiden
- Karotten, Kartoffeln und Lauch in Scheiben, Sellerie in Würfel schneiden
- Zwiebeln zusammen mit dem Speck in der Pfanne glasig braten
- Das Gemüse, den grünen Pfeffer und die Brühe dazugeben, salzen, gut vermischen und zugedeckt 15 Minuten dünsten
- Fleischstücke mit dem Bratensaft zurück in die Pfanne geben und zugedeckt in 5 bis 10 Minuten fertig dünsten
- Gleich in der Pfanne servieren und Toast oder Baguette dazu reichen.

Das Fleisch eines Überläufers (einjähriges Wildschwein) wirkt etwas dunkler und ist im Geschmack kräftiger als das eines Frischlings.

TIPP

Dieses Gericht lässt sich mit Thymian, Majoran und – natürlich – Knoblauch verfeinern.

Thüringer Wildschweinfilet
mit Steinpilzen

Zutaten für 4 Personen

Für das Filet:

700 g Wildschweinfilet
Salz
frisch gemahlener Pfeffer
1 EL Butterschmalz

Für die Steinpilze:

400 g frische Steinpilze
2 Schalotten
1 EL Butterschmalz
2 Schnapsgläschen Weinbrand
1 Becher Sahne

Für das Filet:

- Das Wildschweinfilet salzen und pfeffern
- Butterschmalz in der Pfanne erhitzen und das Wildschweinfilet rundum kräftig anbraten, dann bei geschlossenem Deckel und mittlerer Hitze etwa 20 Minuten braten, dabei mehrmals wenden

Für die Steinpilze:

- Steinpilze putzen, in mundgerechte Scheiben schneiden und die Putzabfälle sorgfältig waschen und abtropfen lassen
- Schalotten schälen und fein schneiden
- Butterschmalz in einem Topf erhitzen, Schalotten zugeben und glasig dünsten
- Weinbrand angießen und einkochen lassen
- Pilzabfälle ins Fett geben und schmoren lassen, mit 350 ml Wasser auffüllen und aufkochen
- Sahne zufügen und 5 Minuten bei milder Hitze köcheln lassen
- Soßensud durchsieben, 100 ml davon beiseite stellen, den Rest in einen Topf geben
- Wildschweinfilet aus der Pfanne nehmen und abgedeckt 5 Minuten stehen lassen
- Bratenansatz mit dem beiseite gestellten Soßensud loskochen und zu der übrigen Soße geben
- Steinpilze zufügen und bei milder Hitze 3 bis 5 Minuten garen
- Mit Salz und Pfeffer abschmecken
- Das Filet portionsgerecht aufschneiden und mit Steinpilzsoße servieren.

Tipp

In Thüringen isst man zu Steinpilzen und Wild – und sonntags sowieso – immer Kartoffel- oder Semmelklöße. Wildschweinfilet verlangt geradezu nach einer raffinierten Garnierung mit Preiselbeeren, gewaschenen Moosfäden oder Johannisbeerrispen.

Wildschweinnacken
mit Pfifferling-Apfel-Gemüse

Zutaten für 4 Personen

Für das Fleisch:

1 Wildschweinnacken mit Knochen (etwa 1,4 kg)

20 g geschmacksneutrales Pflanzenöl

1/2 Becher Sahne

1/4 l Fleischbrühe

Liebstöckelsalz

frisch gemahlener Pfeffer

Salz

Für das Gemüse:

250 g frische Pfifferlinge (oder aus Glas/Dose)

20 g Butter

1 Schalotte

1 säuerlicher Apfel

Für das Fleisch:

- Wildschweinnacken mit Pfeffer und Liebstöckelsalz kräftig würzen
- Backofen auf 200 °C (Umluft: 180 °C, Gas Stufe 4) vorheizen
- Das Öl im Bräter erhitzen und den Nacken von allen Seiten bei mittlerer Hitze anbraten
- Bräter zudecken und im Backofen etwa 90 Minuten garen, dabei mehrmals wenden und bei Bedarf Pilzsaft (aus Dose/Glas) oder dünne Brühe angießen
- Am Ende der Garzeit Nacken aus dem Bräter nehmen und in Alufolie einschlagen
- Zum Bratenfond das restliche Pilzwasser (oder Brühe) geben, einmal aufkochen, Soße durch ein Sieb geben und auf die Hälfte einkochen, Sahne zufügen, zu einer cremigen Soße kochen und mit Pfeffer und Salz abschmecken

Für das Gemüse:

- Schalotte schälen und fein schneiden
- Butter in einem extra Topf erhitzen, Schalotte andünsten, gewaschene Pfifferlinge dazugeben, erhitzen und ebenfalls mit Pfeffer und Salz würzen
- Apfel schälen und das Kernhaus entfernen
- In kleine Würfel schneiden, zu den Pfifferlingen geben und kurz mitdünsten

- Pfifferling-Apfel-Gemüse auf einer vorgewärmten Platte anrichten, den Wildschweinnacken anschneiden, auf das Gemüse setzen und mit der Soße servieren
- Dazu passen knusprige Rösti oder feine Bratkartoffeln.

Tipp

Zu diesem Gericht passt ein halbtrockener Spätburgunder oder ein dunkles, obergäriges Bier.

Liebstöckelsalz gibt es zu kaufen – aber nicht überall. Man kann es aber auch leicht selber herstellen. Hierzu wird Liebstöckel, auch bekannt unter dem Namen Maggikraut, getrocknet, im Mörser fein zerkleinert und mit Speisesalz vermischt.

Frischlingsrücken
auf Möhrengemüse

Zutaten für 4 Personen

1 Frischlingsrücken (am Stück, unausgelöst, etwa 750 g)

250 g durchwachsener Räucherspeck

500 g Möhren

2 Scheiben Sellerie

2 rote Zwiebeln

1/4 l Rinderbrühe (Instant)

1/4 l Weißwein

3 Lorbeerblätter

12 Wacholderbeeren

3 rote Chilischoten

4 Thymianstängel

2 EL Butterschmalz

Salz

frisch gemahlener Pfeffer

- Frischlingsrücken im Bräter in Butterschmalz von allen Seiten gut anbraten, anschließend aus dem Bräter nehmen
- Möhren schälen und in dünne Scheiben schneiden, Sellerie waschen, putzen und in kleine Würfel schneiden
- Backofen auf 200 °C (Umluft 180 °C, Gas Stufe 4) vorheizen
- Zwiebel schälen, grob zerteilen und zusammen mit dem in Streifen geschnittenen Speck im Bräter anbraten
- Das Gemüse mit den Lorbeerblättern, Wacholderbeeren, Chilischoten und Thymianstängeln dazugeben
- Brühe und Weißwein angießen
- Den Braten salzen und pfeffern, auf das Gemüse legen und bei geschlossenem Deckel im Backofen etwa 1 Stunde fertiggaren
- Anschließend das Fleisch vom Knochen trennen, in Scheiben schneiden, mit dem Gemüse auf einer vorgewärmten Platte anrichten und zusammen mit Kartoffelpüree servieren.

Tipp

Kauft man einen Frischling im Ganzen, sollte man darauf achten, dass dieser mindestens ein Gewicht von 15 bis 20 Kilogramm auf die Waage bringt, sonst reicht ein Frischlingsrücken nur für zwei Personen.

Schwäbische Wildschweinsteaks

Zutaten für 4 Personen

1 ausgelöster Wildschweinrücken (ca. 750 g)

2 Zwiebeln

3 EL Hagebuttenmarmelade

1 TL mittelscharfer Senf

1/2 Bd Petersilie

Salz

frisch gemahlener Pfeffer

2 EL Butterschmalz

- Wildschweinrücken enthäuten und in etwa 2 cm dicke Scheiben schneiden
- Zwiebeln schälen, in dünne Scheiben schneiden, in einer größeren Pfanne in Butterschmalz glasig braten und auf einen Teller geben
- Steaks in die Pfanne legen und von beiden Seiten jeweils etwa 5 Minuten braten, salzen und pfeffern, in eine zweite Pfanne geben und warm halten
- Zwiebeln zurück in die erste Pfanne geben, Hagebuttenmarmelade und Senf hinzufügen und mit dem Bratensatz gut vermischen
- Mit Salz abschmecken
- Die Petersilie fein hacken
- Steaks auf die Soße legen, mit Petersilie bestreuen und gleich in der Pfanne servieren
- Dazu passen Schupfnudeln und Bohnen oder Brokkoli.

TIPP

Als klassische Wildgarnierungen werden häufig Preiselbeeren und Apfelmus verwendet. Dieses Gericht bietet sich jedoch auch an, es einmal – ganz delikat – mit Tessiner Feigen-Soße (auch als Feigensenf bezeichnet und in guten Reformhäusern und Feinkostläden erhältlich) oder schwedischen Moosbeeren zu versuchen.

Bayerischer Wildschweinbraten

Zutaten für 4 Personen

1 bis 1,2 kg Wildschweinbraten vom Hals oder Rücken eines Überläufers

4 Knoblauchzehen

1 EL Majoran

1 TL Kümmel

1 EL abgeriebene Zitronenschale

2 Zwiebeln

3 Möhren

2 Scheiben Sellerie

1 kleine Stange Lauch

je 1 Zweig Rosmarin und Thymian

1/4 bis 1/2 l Fleischbrühe (Instant)

2 EL Butterschmalz

Salz

frisch gemahlener Pfeffer

- Wildschweinbraten mit Salz und Pfeffer kräftig würzen
- 2 Knoblauchzehen schälen und klein hacken
- Majoran, Kümmel und Zitronenschale dazugeben und gut vermischen
- Wildschweinbraten mit dieser Gewürzmischung einreiben
- Backofen auf 200 °C (Umluft 180 °C, Gas Stufe 4) vorheizen
- Butterschmalz im Bräter erhitzen und den Braten darin rundherum anbraten, bis er Farbe annimmt, dann im Backofen 60 bis 70 Minuten garen
- Das Fleisch zwischendurch immer wieder mit der Fleischbrühe ablöschen
- Währenddessen Zwiebeln schälen und klein schneiden
- Möhren, Sellerie und Lauch putzen und klein schneiden
- Die beiden übrigen Knoblauchzehen schälen und fein würfeln, die Kräuter verlesen, waschen und fein hacken
- Gemüse mit den Kräutern nach der Hälfte der Garzeit zum Fleisch geben; nach Ende der Garzeit den Wildschweinbraten herausnehmen und in Scheiben schneiden
- Soße durch ein Sieb geben, mit Salz und Pfeffer abschmecken, zum Wildschweinbraten geben, eventuell mit Rosmarinzweigen garnieren
- Mit Semmelknödeln oder bayerischem Kartoffelsalat sowie einem kühlen Bier servieren.

In Bayern, Franken und Thüringen gibt es den besten Schweinebraten Deutschlands. Warum sollte man hier nicht auch den besten Wildschweinbraten Deutschlands zubereiten?

TIPP

Die bayerischen Beilagen Semmelknödel oder Kartoffelsalat verlangen nach viel Soße, deshalb empfiehlt sich ein Braten vom Halsstück, das saftiger ist.

Steirische Wildschweinknödel

Zutaten für 4 Personen

Für die Knödel:

300 g Fleisch vom Wildschwein (ersatzweise Reh oder Hirsch)

150 g durchwachsener Frühstücksspeck

1 1/2 l kräftige Gemüsebrühe

2 Scheiben Weißbrot ohne Kruste

3–4 EL Milch zum Einweichen

1 EL Majoran

50 g Suppengemüse (Suppengrün oder Wurzelgemüse)

1/4 l Sahne

150 g Weißkohlblätter

Salz

Pfeffer

1 Prise Muskat

1 Prise Kümmel

Preiselbeeren zum Garnieren

Für die Maronen:

200 g Maronen (Esskastanien)

50 g Kristallzucker

1 EL Butter

Für die Knödel:

- Weißbrot in Milch einweichen, Suppengemüse putzen und sehr fein schneiden, Frühstücksspeck in feine Würfel schneiden
- Wildfleisch mit etwa 100 g klein geschnittenem Speck durch den Fleischwolf drehen und mit dem Suppengemüse, dem eingeweichten Weißbrot sowie Salz, Pfeffer und Majoran gut vermischen und zu vier Knödeln formen
- Gemüsebrühe erhitzen und die Knödel in der Gemüsebrühe bei milder Hitze 20 Minuten köcheln (nicht kochen!) lassen
- Die Kohlblätter in kochendem Salzwasser blanchieren, so dass sie noch Biss haben, mit kaltem Wasser abschrecken
- Die festen Kohlstrünke heraus- und dann klein schneiden, mit ¼ l der Gemüsebrühe und etwas Sahne weichkochen, mit Salz, Pfeffer und Muskat würzen und als Bindemittel pürieren
- Die blanchierten Kohlblätter serviergerecht zuschneiden und zusammen mit dem Kohlpüree erwärmen
- Den restlichen Frühstücksspeck in einer Pfanne ohne zusätzliches Fett knusprig braten
- Mit gewürfelten Kohlblättern und gemahlenem Kümmel mischen

Für die Maronen

- Die Maronen auf einer Seite kreuzweise mit dem Messer anschneiden, mit der eingeritzten Seite nach oben in ein Mikrowellengerät legen und 2 bis 3 Minuten erhitzen, anschließend schälen (oder im vorgeheizten Ofen bei 150 °C so lange backen, bis sich die Schale nach außen wölbt)
- Zum Glacieren Kristallzucker in einer trockenen Pfanne goldgelb schmelzen lassen, mit ⅛ l Wasser aufgießen und einkochen lassen (nicht umrühren!)
- Die noch warmen Maronen zum glacierten Kristallzucker geben und 10 Minuten kochen lassen, etwas Butter dazugeben und ebenfalls einkochen lassen

- Die Knödel vor dem Anrichten im Karamell der Esskastanien durchschwenken und so glacieren
- Knödel mit dem Kohlgemüse sowie den glacierten Maronen zusammen mit Schupfnudeln als Beilage auf einer vorgewärmten Platte anrichten und mit Preiselbeeren garnieren.

Elsässisches Wildschweinfilet
in Camembertkruste

Zutaten für 4 Personen

750 g Wildschweinfilet am Stück

250 g Camembert

50 ml Sahne

12 möglichst kleine Pellkartoffeln, gekocht

400 g Zucchini

400 g gemischte Waldpilze

1 Zwiebel

2 EL gehackte gemischte Kräuter

2 EL Pflanzenfett zum Braten

2 EL Butterschmalz

Saft von 1 Zitrone

Salz

frisch gemahlener Pfeffer

50 ml Rotwein

- Camembert mit der Sahne im Mixer pürieren
- Backofen auf 180 °C (Umluft 160 °C, Gas Stufe 3) vorheizen
- Das Fleisch abspülen, trockentupfen, mit Salz und Pfeffer würzen und im erhitzten Pflanzenfett anbraten
- Drei Viertel der Camembertmischung über das Filet geben, Pfanne abdecken und das Fleisch im Backofen fertiggaren; dabei am besten ein Bratenthermometer verwenden: Wenn es 85 °C im Inneren des Fleisches anzeigt, ist das Fleisch gar
- Die Pellkartoffeln pellen (kleine ganz lassen, größere in Scheiben schneiden) und in einer zweiten Pfanne im erhitzten Pflanzenfett goldbraun braten
- Die Kräuter unter die restliche Camembertmischung rühren, über die Kartoffeln geben und im Backofen ohne Deckel überbacken, bis die Kruste goldbraun ist
- Die Zwiebel schälen und fein hacken, die Zucchini waschen und in Streifen schneiden
- Die Waldpilze putzen, in Scheiben schneiden und mit dem Zitronensaft beträufeln
- Butterschmalz erhitzen und die Zwiebelwürfel glasig braten
- Die Zucchini dazugeben und kurz andünsten
- Die Waldpilze zum Gemüse geben, kurz mitdünsten und mit Rotwein ablöschen
- Mit Salz und Pfeffer abschmecken
- Das überbackene Wildschweinfilet in Scheiben schneiden, mit dem Zucchini-Pilz-Gemüse sowie den Käsekartoffeln anrichten und sofort servieren.

TIPP

Zum Ablöschen eignet sich ein halbtrockener Spätburgunder aus der Pfalz (es darf aber auch ein Pinot Noir aus dem Elsass sein). Während des Kochens konnte er bei offener Flasche oder im Dekantiergefäß „Luft holen" – dann ist er ein würdiger Partner zum Wild.

Pfälzer Hirschkalbfilet
im Wirsingmantel

Zutaten für 4 Personen

Für das Fleisch:

800 g Filet am Stück vom Hirschkalb

2 EL Olivenöl

Salz

frisch gemahlener Pfeffer

Für den Wirsingmantel:

400 g Wirsing

50 g durchwachsener Speck

100 g frische Champignons

2 Eier

1 Zwiebel

2 EL Butter

1 TL Zitronensaft

3 EL Semmelbrösel zum Binden

Kräuter der Provence

Außerdem:

gebundene Rahmwildsoße (Fertigprodukt)

einige Kapstachelbeeren (Physalis)

Für das Fleisch:

- Das Fleisch waschen, trockentupfen, salzen und pfeffern
- Olivenöl in der Pfanne erhitzen, das Fleisch darin anbraten, bis es rundherum Farbe genommen hat, herausnehmen und beiseite stellen

Für den Wirsingmantel:

- In einem Topf Salzwasser erhitzen, den Wirsing verlesen, waschen, 5 Minuten in Salzwasser blanchieren, herausnehmen und in dünne Streifen schneiden
- Zwiebel schälen und fein würfeln, Speck ebenfalls fein würfeln
- Butter in der Pfanne erhitzen, Zwiebel und Speck ins Fett geben und kurz anbraten
- Wirsingstreifen dazugeben und alles bei mäßiger Hitze knapp 10 Minuten dünsten
- Champignons putzen, klein schneiden, mit Zitronensaft beträufeln, zum Speckwirsing geben und kurz mitbraten, dann vom Herd nehmen und in einer Schüssel abkühlen lassen
- Den Backofen auf 200 °C (Umluft 180 °C, Gas Stufe 4) vorheizen
- Eier unter das Gemüse rühren, mit Semmelbrösel binden, mit Salz, Pfeffer und den Kräutern der Provence würzen

- Hirschkalbfilet in eine gefettete Auflaufform geben, die Wirsingmasse gleichmäßig auf dem Filet verteilen und im Backofen 30 Minuten garen
- Hirschkalbfilet herausnehmen, in Scheiben schneiden, anrichten, mit einer gebundenen Rahmwildsoße und einigen gedünsteten Kapstachelbeeren garnieren und servieren
- Dazu passen Kartoffelpüree oder Kroketten.

TIPP

Zum Garnieren eignen sich auch einige gedünstete Kirschtomaten.

Hirschgulasch
mit Nussmischung

Zutaten für 4 Personen

800 g Hirschgulasch

je 25 g ganze oder halbe Kerne von Haselnüssen, Walnüssen und gegarten Maronen

1 EL Majoran

1 TL Thymian

Salz

Pfeffer

1 mittelgroße Zwiebel

1 Bd Suppengrün

2 EL Butterschmalz

2–3 EL Tomatenmark

1/4 l Rotwein

1/2 l Gemüsebrühe

1 Becher Sahne

eventuell Speisestärke zum Binden

- Die Fleischstücke von Sehnen und Fett befreien, waschen, trockentupfen und mit Salz, Pfeffer, Majoran und Thymian einreiben
- Zwiebel schälen, Suppengrün putzen und beides klein schneiden
- Backofen auf 200 °C (Umluft 180 °C, Gas Stufe 4) vorheizen
- Butterschmalz im Bräter erhitzen, Gulasch hineingeben, unter ständigem Rühren gut durchbraten, dann Zwiebel und Suppengrün hinzugeben
- Tomatenmark einrühren, anbraten, mit Rotwein ablöschen und die Gemüsebrühe angießen
- Gulasch im Backofen zugedeckt etwa 1 $^1/_4$ Stunden schmoren lassen
- Herausnehmen, Sahne einrühren und falls erforderlich die Soße mit in etwas kalter Sahne verrührter Speisestärke binden
- Nussmischung hinzufügen und einmal kurz aufkochen lassen
- Hirschgulasch anrichten, mit Salatblättern garnieren und mit Reis oder Nudeln servieren.

Tipp

Das etwas aufwändige Erhitzen und Schälen von Esskastanien kann man sich ersparen, indem man bereits fertig gegarte Maronen kauft, die dann nur noch kurz erhitzt werden müssen.

Brandenburger Hirschgulasch
mit Graupen

Zutaten für 4 Personen

Für die Marinade:

1/2 l Rotwein
1/4 l Olivenöl
2 Zwiebeln
1 Bd Majoran

Für das Gulasch:

800 g Gulasch vom Hirsch
200 g durchwachsener Räucherspeck
1–2 EL Butterschmalz
200 g mittelgroße Graupen
150 g rote Linsen
2 Zwiebeln
1/2 Stange Lauch
2 Möhren
1 Scheibe Sellerie
1 Tasse Fleischbrühe
1 TL gemahlener Kümmel
1 EL scharfes Paprikapulver
1 Lorbeerblatt
Salz

Für die Marinade:

- Zwiebeln schälen und in Scheiben schneiden, mit den weiteren Zutaten kurz aufkochen und erkalten lassen
- Das Fleisch damit übergießen (falls die Flüssigkeit nicht reicht, weiteres Olivenöl zugeben) und 48 Stunden im Kühlschrank ziehen lassen

Für das Gulasch:

- Den Speck in Streifen schneiden, im Gulaschtopf in Butterschmalz anbraten und auf einem Teller beiseite stellen
- Zwiebeln schälen und grob hacken, Lauch putzen und in Scheiben schneiden, beides im Gulaschtopf anbraten
- Fleisch ebenfalls in den Topf geben, anbraten und mit Salz, Kümmel, Paprika und Lorbeerblatt würzen
- Mit Brühe und einer Tasse Marinade ablöschen und etwa 80 Minuten zugedeckt garen
- Möhren putzen und in dünne Scheiben schneiden, Sellerie würfeln, Graupen waschen und abtropfen lassen
- Alles nach den ersten 80 Minuten Garzeit in den Gulaschtopf geben und 45 Minuten mitgaren lassen
- Nach 25 Minuten die Roten Linsen hinzufügen und eventuell noch Brühe und etwas Rotwein nachgießen
- Mit Salzkartoffeln und etwas Sauerrahm gleich im Topf servieren.

Tipp

Wer es scharf mag, würzt kräftig mit scharfem Paprikapulver oder original ungarischer Erős Pista Gigantikus von Univer nach.

Saarländisches Hirschfilet
in Cognac-Pfeffer-Soße

Zutaten für 4 Personen

800 g Rückenfilet vom Hirsch

2 Schnapsgläser Cognac

Gewürzsalzmischung (vorzugsweise Liebstöckelsalz)

Salz

frisch gemahlener Pfeffer

50 g grüne Pfefferkörner (aus dem Glas)

3 Schalotten

100 g kalte Butterstücke

1/4 l Wildfond

2 EL Butterschmalz

- Filet häuten, waschen, trockentupfen und beidseitig mit der Hälfte des Cognacs einreiben
- 10 Minuten ziehen lassen und dann mit Liebstöckelsalz, Pfeffer und Salz würzen
- Grüne Pfefferkörner auf ein Sieb geben, warm abspülen und abtropfen lassen
- Butterschmalz in einer Pfanne erhitzen, das Filet rundherum anbraten und überschüssiges Fett abgießen
- Schalotten schälen und fein schneiden
- Schalotten hinzugeben und anbraten, mit etwas Wildfond ablöschen, dann zudecken und das Filet bei mittlerer Hitze etwa 30 Minuten garen
- Bratensatz zwischendurch mehrfach mit Wildfond lösen
- Filet aus der Pfanne nehmen, in Alufolie einschlagen und warm halten
- Bratensatz mit dem restlichen Cognac ablöschen, mit dem verbliebenen Wildfond loskochen, durch ein Sieb geben und einmal kurz aufkochen lassen
- Vom Herd nehmen, die kalten Butterstücke zufügen und die Soße mit dem Pürierstab schaumig schlagen
- Grüne Pfefferkörner in die Soße geben
- Filet in Scheiben schneiden, auf einer vorgewärmten Platte anrichten und mit der Soße und Kartoffelkroketten servieren.

Harzer Hirschkeule

Zutaten für 4 Personen

Für das Fleisch:

1 kg Hirschkeule
500 g Weißkohl
2 Stangen Lauch
2 Scheiben Sellerie
6 kleine Zwiebeln
3 Möhren
2 kleine Fenchel
2 l Rinderbrühe
1 Bd Thymian
einige Pfefferkörner
2–3 EL Butter

Für die Soße:

2 Becher saure Sahne
250 g durchwachsener Räucherspeck
1 Bd Schnittlauch

Für das Fleisch:

- Rinderbrühe mit ein paar Pfefferkörnern und Thymian in einem großen Topf aufkochen
- Lauch und Sellerie putzen, waschen und in Stücke schneiden, 10 Minuten in der Brühe garen und wieder aus dem Topf nehmen
- Salzwasser in einem großen Topf erhitzen
- Außenblätter sowie den Strunk des Weißkohls entfernen, waschen, trocknen und in Stücke schneiden, den Kohl 5 Minuten in Salzwasser blanchieren und anschließend 10 Minuten in der Brühe garen, dann wieder herausnehmen
- Fleisch so in die Brühe legen, dass es bedeckt ist und in etwa 2 Stunden mürbe kochen
- Zwiebeln schälen, Möhren putzen und grob zerkleinern, Fenchel halbieren
- Nach etwa einer Stunde die Zwiebeln, die Möhren und die Fenchel 10 Minuten mitgaren und dann ebenfalls wieder aus der Brühe nehmen

Für die Soße:

- Den Speck in Stücke schneiden, in der Pfanne richtig knusprig braten, auf Küchenpapier abtropfen und abkühlen lassen
- Saure Sahne in einem Topf langsam erwärmen
- Den Schnittlauch in feine Röllchen schneiden und zusammen mit dem Speck in die saure Sahne einrühren

- Hirschkeule aus der Brühe nehmen, in Scheiben schneiden und warm stellen
- Das gesamte Gemüse in der Brühe nochmals erhitzen
- Fleischscheiben mit etwas Brühe übergießen, das Gemüse dazulegen, mit zerlassener Butter beträufeln und mit der Sahnesoße und Salzkartoffeln servieren.

TIPP

Bei diesem Wildgericht überwiegt der Geschmack des Gemüses, deshalb passt dazu eine trockene oder halbtrockene Spätlese, ein Müller-Thurgau oder eine Scheurebe aus Franken.

Gefüllte Holsteiner Damhirschkeule

Zutaten für 4 Personen

Für das Fleisch:

1 Damhirschkeule (mit Knochen)
150 g Schweinenetz
1 Zwiebel
1 Möhre
1/2 Stange Lauch
1/4 l Fleischbrühe
1 Glas Rotwein
Salz
frisch gemahlener Pfeffer
2 EL Butterschmalz

Für die Füllung:

250 g Hackfleisch vom Schwein
100 g Hirschleber (oder Rinderleber)
150 g durchwachsener Räucherspeck
1 Ei
100 g Tiefkühl-Erbsen
1 Möhre
1/2 rote oder gelbe Paprikaschote
2 Scheiben Kohlrabi
1 Bd Majoran

- Die Knochen aus der Keule lösen, den Oberschenkelknochen aufheben
- Das Schweinenetz lauwarm abspülen und ausgebreitet auf Küchenpapier trocknen, falls nötig mit der Schere zurechtschneiden und die fettreichen, dickeren Außenteile entfernen
- Hirschleber klein schneiden und Räucherspeck in feine Würfel schneiden
- Mit dem Ei zu dem Hackfleisch geben
- Paprika, Kohlrabi und Möhre putzen und würfeln
- Mit Salz, Pfeffer und den abgezupften Majoranblättern würzen und mit den Erbsen und der Hackfleischmischung gut vermengen
- Keule innen leicht salzen und Füllung hineingeben
- Außen salzen, pfeffern und im Schweinenetz so einrollen, dass die Füllung gut eingewickelt ist
- Backofen auf 200 °C (Umluft 180 °C, Gas Stufe 4) vorheizen
- Zwiebel schälen, Möhre und Lauch putzen und alles grob zerkleinern
- Bräter mit Butterschmalz einfetten und die Keule darin auf dem Herd rundherum anbraten
- Für die Soße den verbliebenen Oberschenkelknochen, die Zwiebel, die Möhre und den Lauch mit der Brühe und dem Rotwein dazugeben
- Alles etwa drei Stunden im Backofen garen, zwischendurch immer wieder mit Brühe übergießen
- Anschließend die Keule in nicht zu dünne Scheiben schneiden und auf einer vorgewärmten Platte anrichten
- Die Bratensoße durch ein Sieb geben
- Mit Rosenkohl und Salzkartoffeln als Beilage servieren.

Tipp

Es gibt Jäger und Köche, die den Oberschenkelknochen ohne einen Schnitt von außen herauslösen können. Dann erhält man automatisch eine Höhlung für die Füllung. Da dann das Schweinenetz entfällt, kann man die Keule mit feinem Räucherspeck umwickeln.

Lüneburger Damwildbraten
in Honig-Senf-Kruste

Zutaten für 4 Personen

Für das Fleisch:

1,5 kg Damwildbraten (Keule)
1/4 l Fleischbrühe
1/4 l Weißwein
3 EL Blütenhonig
2 EL mittelscharfer Senf
2 TL Tessiner Feigen-Soße (Feigensenf)
3 EL Semmelbrösel
2 EL Butterschmalz
Salz
frisch gemahlener Pfeffer

Für das Gemüse:

2 Möhren
je 1 grüne, rote und gelbe Paprikaschote
1 Scheibe Sellerie
1/4 l Gemüsebrühe
1 Becher Sahne
Saft einer Zitrone
1/4 l gebundene Rotwein-Wildsoße
Worcestersoße
Liebstöckelblätter (Maggikraut) zum Garnieren

- Backofen auf 200 °C (Umluft 180 °C, Gas Stufe 4) vorheizen
- Den enthäuteten Wildbraten waschen, trockentupfen, mit Salz und Pfeffer kräftig würzen
- In einem Bräter auf dem Herd in Butterschmalz rundherum anbraten, dann mit etwas Fleischbrühe und Weißwein im geschlossenen Bräter im vorgeheizten Backofen mindestens eine Stunde garen
- Während der Garzeit öfter etwas Fleischbrühe und Weißwein nachfüllen
- 10 Minuten vor Ende der Garzeit den Honig, die Feigen-Soße, den Senf sowie die Semmelbrösel verrühren und damit den Braten bestreichen
- Das Gemüse waschen, putzen und würfeln, die Gemüsebrühe in einem Topf erhitzen
- Das Gemüse in der Brühe bissfest garen (unterschiedliche Garzeiten beachten), herausnehmen und bereitstellen
- Brühe bei starker Hitze auf die Hälfte einkochen lassen, Sahne einrühren, aufkochen lassen und eventuell mit etwas Speisestärke, die vorher in etwas kaltem Wasser angerührt wurde, binden
- Die Soße mit Zitronensaft, Worcestersoße, Salz und Pfeffer abschmecken
- Das beiseite gelegte Gemüse in der Soße nochmals erhitzen, falls nötig nachwürzen und auf vorgewärmten Tellern anrichten
- Damwildbraten in Scheiben schneiden, auf das Gemüse legen, mit der Rotweinsoße beträufeln, mit Liebstöckel garnieren und sofort servieren.

Das Damwild ist die einzige Hirschart, die einen wirklich erkennbaren Schwanz besitzt, mit dem die Tiere auch ständig „wedeln". Darum heißt der Schwanz in der Jägersprache auch Wedel.

Tipp

Dazu passen entweder kleine, gebratene Kugelkartoffeln oder Kartoffelkroketten sowie Kartoffel-Sahne-Püree-Häubchen. Die fertige Rotwein-Wildsoße lässt sich auch leicht durch eine Soße aus Hagebuttenmarmelade, Bratensatz, Rotwein und ein wenig saurer Sahne selbst herstellen.

Damwildgeschnetzeltes
mit Kräutersoße

Zutaten für 4 Personen

800 g Filet vom Damwild

250 g frische Waldpilze

je 1 TL geschrotete Pfefferkörner und Wacholderbeeren

1 Zwiebel

Saft einer Zitrone

1 Glas Rotwein

1/4 l gebundene Wildsoße (Fertigprodukt)

1 Becher Crème fraîche

2 Chilischoten

1 Tasse gehackte gemischte Kräuter

Salz

frisch gemahlener Pfeffer

Rosmarinzweige und Chilischoten zum Garnieren

- Damwildfilet waschen, trockentupfen, mit den geschroteten Pfefferkörnern und Wacholderbeeren einreiben, in Streifen schneiden, mit Salz und Pfeffer nachwürzen
- Filetstreifen im erhitzten Butterschmalz unter ständigem Rühren gar braten
- Fleischstreifen herausnehmen und warm stellen
- Zwiebel schälen und klein hacken
- Pilze putzen, in mundgerechte Stücke schneiden und mit Zitronensaft beträufeln
- Die Zwiebeln im verbliebenen Fett glasig braten
- Die Pilze zu den Zwiebeln geben und kurz mitbraten
- Mit Rotwein ablöschen und die gebundene Wildsoße angießen
- Chilischoten entkernen und in Streifen schneiden – danach unbedingt die Hände waschen
- Crème fraîche und die Chilistreifen in die Soße einrühren und das Ganze kochen lassen, bis die Soße sämig wird
- Die Fleischstreifen sowie die Kräutermischung unter die Soße heben
- Soße abschmecken, mit Rosmarinzweigen und Chilischoten garnieren und zusammen mit Penne oder Makkaroni angerichtet auf vorgewärmten Tellern servieren.

Tipp

Man rechnet etwa 400 g Nudeln für vier Personen. Im Salzwasser – ohne Öl, da sich sonst die Nudeln nicht mit der Soße verbinden – nach Anweisung kochen, auf ein Sieb geben, mit kaltem Wasser kurz abbrausen, damit sie nicht zusammenkleben und sofort servieren. Nudelgerichte aller Art dürfen nie auf die Gäste warten, sondern die Gäste müssen kurz auf die Nudeln warten.

Kesselgulasch

Zutaten für 10 Personen

2,5 kg Fleisch vom Rücken (oder der Keule) von Hirsch, Reh, Wildschwein, Damwild oder gemischt

150 g durchwachsener Räucherspeck

250 g fest kochende Kartoffeln

2 Möhren

2 rote Paprikaschoten

2 Stangen Lauch

2 Scheiben Sellerie

5 Zwiebeln

2 Tassen Rinderbrühe

1/2 Flasche Rotwein

200 g getrocknete Steinpilze

1 EL mittelscharfes Paprikapulver

3 Lorbeerblätter

einige Wacholderbeeren

1 EL Majoran

5 rote Chilischoten

Salz

Pfeffer

3–4 EL Schweine- (oder Butter-)Schmalz zum Braten

- Fleisch in mundgerechte Stücke schneiden
- Gemüse waschen, putzen und in Würfel oder Scheiben schneiden
- Die Kartoffeln schälen, in Scheiben schneiden und in Wasser aufbewahren
- Die Pilze putzen und in etwas Rotwein einweichen
- Zwiebeln mit Speck im Kessel (ganz echt über offenem Feuer) glasig braten, das Fleisch dazugeben, gut vermischen und anbraten, dabei mit Rotwein und Brühe ablöschen
- Eingeweichte Steinpilze mit der Flüssigkeit dazugeben, mit Salz, Pfeffer, Paprika, Lorbeer, Wacholder, Majoran und Chili würzen
- Zudecken und mindestens 45 Minuten dünsten lassen
- Möhren, Lauch, Paprikaschoten, Sellerie und schließlich die Kartoffeln zugeben und einrühren
- Weitere 20 Minuten ohne Deckel, jedoch unter ständigem Umrühren kochen
- Zum Schluss abschmecken und gleich mittels Kelle aus dem Kessel mit frischem Weißbrot (echt ungarisch!) und einem trockenen Rotwein servieren.

Kesselgulasch mit Wildbret vom Hirsch, Reh, Wildschwein, Damwild oder gemischt (original im hängenden Kessel über dem offenen Feuer) ist die „wild-romantische“ Alternative zum herkömmlichen Grillen und eignet sich je nach Größe des Kessels für bis zu 20 Personen.

TIPP

Besonders schmackhaft, saftig und zart ist Filetfleisch vom Rücken; Fleisch aus der Keule ist nicht weniger schmackhaft, jedoch braucht es etwas länger zum Garen.

Damwildrücken gespickt

Zutaten für 4–6 Personen

1,8 bis 2 kg Damwildrücken
100 g Speck (ungesalzen)
200 g Steinpilze
1/2 l Wildbrühe (oder Fleischbrühe)
1 Zwiebel
5 Knoblauchzehen
1 TL Wildgewürzmischung
1 TL Liebstöckelsalz
Salz
frisch gemahlener Pfeffer
2 EL Butterschmalz
etwas Sahne

Zum Garnieren:

4–6 Birnenhälften (aus der Dose)
Preiselbeeren (aus dem Glas)
Weintrauben
Petersilie
Liebstöckel (Maggikraut)

- Rücken häuten und am Rippenknochen die Filetstränge bis zum Rippenansatz leicht anlösen
- Speck in Streifen schneiden
- Wildgewürzmischung, Liebstöckelsalz und Pfeffer vermischen, darin den Speck wälzen und einziehen lassen
- Knoblauchzehen schälen, in den Rücken mit dem Messer Löcher stechen, mit dem Finger erweitern und den Speck und die Knoblauchzehen dort gleichmäßig verteilt hineinstecken
- Gespickten Rücken mit der Filetseite nach unten in den Bräter legen und die kalte Wildbrühe darüber gießen
- Steinpilze putzen, in Stücke schneiden und dazugeben
- Etwa 4 Stunden ziehen lassen, dann das Fleisch herausnehmen und trockentupfen
- Brühe durch ein Sieb geben, die Pilze aufheben
- Backofen auf 200 °C (Umluft 180 °C, Gas Stufe 4) vorheizen
- Rücken salzen und pfeffern und im Bräter bei mittlerer Hitze in Butterschmalz von allen Seiten anbraten, dann in den Backofen stellen und mit geschlossenem Deckel etwa 40 Minuten garen
- Zwischendurch Bratensatz mit Wildbrühe und Rotwein ablösen, eventuell nochmals mit Wildgewürz und Liebstöckelsalz nachwürzen
- Zwiebel schälen und klein hacken
- Nach 20 Minuten Garzeit die restliche Brühe angießen und die Pilze sowie die Zwiebelwürfel hinzugeben
- Rücken herausnehmen, in Alufolie einschlagen, warm halten und den Fond bei stärkerer Hitze auf die Hälfte einkochen
- Sahne hinzufügen, sämig kochen, mit Pfeffer und Salz abschmecken
- Rücken auf einer vorgewärmten Platte anrichten, mit Birnenhälften, Preiselbeeren und Weintrauben sowie Petersilie und Liebstöckel garnieren und zusammen mit der Soße und Kroketten servieren.

TIPP

Ein ganzer Rücken reicht in der Regel für vier bis acht Personen, weshalb er öfter als „Festmahl" herhalten muss. Doch lässt sich ein Wildrücken auch leicht halbieren – so hat man auch im kleinen Haushalt sein „großes" Essen.

Neben Elchwild zählt das Fleisch des Damwildes (die Betonung liegt auf „wild"!) zu den geschmackvollsten Wildgerichten überhaupt. Deshalb eignet sich ein Damhirsch ganz besonders für einen Festtagsbraten.

Mufflonkoteletts

Zutaten für 4 Personen

800 g küchenfertige Muffelkoteletts

2 Gläser Rotwein

1 Zwiebel

1 Möhre

1/2 Scheibe Sellerie

1/2 Stange Lauch am Stück

1 Zweig Rosmarin

1 TL Wacholderbeeren

1/4 l Gemüse-, Fleisch- oder Wildbrühe

2 EL neutrales Speise- oder Olivenöl

1 Becher Sahne

2 EL Crème fraîche

Salz

frisch gemahlener Pfeffer

einige Zweige Rosmarin zum Garnieren

- Koteletts waschen, in eine Schüssel geben und mit Rotwein übergießen
- Das geputzte und grob zerkleinerte Gemüse sowie Rosmarin und Wacholderbeeren hinzugeben und über Nacht ziehen lassen
- Koteletts aus der Marinade nehmen, trockentupfen und im erhitzten Öl in einer Pfanne beidseitig kräftig anbraten
- Bratensatz mit der Marinade loskochen
- Wild- oder Gemüsebrühe hinzugeben und etwas reduzieren lassen
- Sahne hinzufügen und zu einer sämigen Soße verrühren
- Zum Schluss die Crème fraîche unterrühren
- Mit Salz und Pfeffer kräftig würzen
- Koteletts auf einer vorgewärmten Platte anrichten, die Soße passieren, zum Fleisch geben, mit Rosmarin garnieren und mit Rosenkohl (oder frischem Feldsalat mit Kürbiskernöl-Vinaigrette) und Salzkartoffeln servieren.

TIPP

Zu Muffelfleisch passt immer auch Knoblauch, den man vor dem Servieren direkt aus der Knoblauchpresse über das Fleisch drückt.

Gebratene Mufflonlammkeule

Zutaten für 4 Personen

1 Lammkeule vom Mufflon (1 1/2 bis 2 kg, küchenfertig)

150 g Butter

2 mittelgroße Zwiebeln

2 Knoblauchzehen

1 Möhre

1 Stange Lauch

2 Stängel Bleichsellerie

2 EL Himbeeressig

1 Flasche Rotwein

2 EL rotes Johannisbeergelee

2 gehäufte EL Gewürzmischung (siehe unten)

Für die Gewürzmischung:

jeweils 1 EL weiße und schwarze Pfefferkörner

1 TL Korianderkörner

1 Gewürznelke

6 Pimentkörner

4 Wacholderbeeren

1 kleine getrocknete Chilischote

1 EL getrockneter Thymian

1 TL brauner Rohrzucker

1 EL Salz

- Den Backofen auf 250 bis 270 °C (höchste Hitze, auch bei Umluft und Gas) vorheizen
- In der Zwischenzeit die gehäutete Lammkeule waschen und mit Küchenpapier sauber abtupfen
- Die Gewürze für die Gewürzmischung im Mörser fein zerreiben
- Die Keule mit der gesamten Gewürzmischung rundum gut einreiben und mit der Hälfte der zimmerwarmen Butter nicht zu sparsam einstreichen
- Keule auf einem tiefen Backblech oder einer entsprechenden Bratenform in den vorgeheizten Ofen schieben und 15 bis 20 Minuten anbraten
- Zwiebeln, Knoblauch und Möhre schälen, Lauch längs aufschneiden und waschen, Bleichsellerie in sehr feine Streifen schneiden und alles fein würfeln bzw. in dünne Scheiben schneiden, salzen und pfeffern
- Ofen auf 100 °C (Umluft 90 °C, Gas Stufe 1) herunterschalten, das gesamte Gemüse in der Bratenform verteilen, mit einigen Butterflöckchen besetzen, mit der Hälfte des Rotweins und dem Himbeeressig ablöschen und in der nachlassenden Hitze ½ Stunde schmoren
- Nach einer weiteren halben Stunde Ofen auf 90 °C herunterschalten, den restlichen Rotwein hinzugeben und weitere zwei Stunden schmoren
- Die Keule herausnehmen und warm stellen
- Für die Sauce das Gemüse mitsamt dem Bratensaft in einen Topf geben und mit dem Pürierstab glatt pürieren
- Nach und nach die gut gekühlte Butter sowie das Johannisbeergelee untermixen und mit Salz und Pfeffer abschmecken
- Die Keule in Scheiben schneiden, anrichten und mit der getrennt gereichten Soße servieren
- Dazu passen Rosenkohl-Maronengemüse und Herzoginkartoffeln oder Klöße.

Diese langsame Art des Bratens von größeren Wildstücken garantiert, dass der Braten saftig und zart bleibt. Dieses Rezept lässt sich natürlich auch für andere Wildarten (Reh, Hirsch, Wildschwein) variieren.

Tipp

Wichtig für alle Knoblauchfreunde: Die Zehen nur in kleine Scheiben schneiden und nicht durchdrücken oder pressen.

Allgäuer Gamsblatt
in Wacholderrahm

Zutaten für 4 Personen

1 Gamsblatt (Schulter)
1 Scheibe Sellerie
1 Stange Lauch (nur das Weiße)
4 Möhren
1 Tasse Fleischbrühe
250 g saure Sahne
20 Wacholderbeeren
Salz
frisch gemahlener Pfeffer
3–4 EL Butter

Für die Marinade:

1/2 l Weißwein
1/8 l Olivenöl (oder neutrales Speiseöl)
4 Schalotten
1/2 Bd Thymian

- Für die Marinade die Schalotten schälen, in Scheiben schneiden und mit den restlichen Marinade-Zutaten kurz aufkochen, dann abkühlen lassen
- Das Blatt enthäuten, mit der Marinade übergießen und 48 Stunden im Kühlschrank ziehen lassen
- Backofen auf 200 °C (Umluft 180 °C, Gas Stufe 4) vorheizen
- Braten aus der Marinade nehmen, trockentupfen, salzen, pfeffern, in einen Bräter geben und mit zerstoßenen Wacholderbeeren einreiben
- Butter zerlassen
- Fleisch mit der zerlassenen Butter übergießen, die Fleischbrühe und eine Tasse durchgesiebte Marinade dazugeben und 1 Stunde zugedeckt im Backofen garen
- Das Gemüse putzen und in nicht zu kleine Stücke schneiden, nach der ersten Stunde Garzeit dazugeben, alles 1 weitere Stunde garen
- Zum Schluss bei offenem Bräter 10 Minuten bräunen
- Saure Sahne in die Bratensoße geben und einrühren
- Mit Schupfnudeln oder Kartoffelspalten servieren.

TIPP

Planen Sie 48 Stunden Marinierzeit ein. Zu diesem echten „Bergler" passt ein krachtrockener Tiroler Rotwein.

Gamshals
mit Sommergemüse

Zutaten für 4 Personen

ca. 750 g Gamshals (vom Fachmann Fett entfernen und in 4–6 Scheiben schneiden lassen)

150 g grüne Brechbohnen

10 kleinere Möhren mit Kraut

1 Zwiebel

1 Bd Frühlingszwiebeln

1 Tasse Rotwein

1 Tasse Fleischbrühe

einige Salbeiblätter

Salz

frisch gemahlener roter Pfeffer

2 EL Butterschmalz

- Gemüse putzen: Möhren ganz und 2 cm vom Kraut belassen, Bohnen und Frühlingszwiebeln in etwa gleiche Länge wie die Möhren schneiden
- Alles 5 Minuten in Salzwasser blanchieren und anschließend kalt abschrecken
- Zwiebeln schälen und grob hacken
- Butterschmalz in einer Pfanne erhitzen, Salbeiblätter hinzugeben und kurz anbraten
- Die Nackenscheiben zufügen und von beiden Seiten kräftig anbraten
- Aus der Pfanne nehmen und warm halten
- Zwiebelwürfel in derselben Pfanne anbraten
- Mit Wein und Fleischbrühe löschen und die Flüssigkeit leicht einkochen lassen
- Fleischscheiben wieder hinzugeben, mit Salz und gemahlenem roten Pfeffer würzen und zugedeckt etwa 10 Minuten dünsten
- Dann Gemüse hinzugeben und in etwa 5 Minuten gar dünsten
- Gleich in der Pfanne zusammen mit einem kräftigen Bauernbrot oder Bratkartoffeln und einem trockenen Rotwein servieren.

Kaninchenfilets
auf Basilikum

Zutaten für 4 Personen

Rückenfilets von 4 Wildkaninchen

1 Tasse Fleischbrühe

4 EL Quittengelee

8 Nelken

1 Zitrone

1 Topf frisches Basilikum

Salz

frisch gemahlener Pfeffer

2 EL Butter

- Die enthäuteten, gewaschenen und trockengetupften Filets flach klopfen, salzen und pfeffern
- Die Fleischbrühe mit dem Quittengelee und den Nelken in einer Pfanne erhitzen und leicht reduzieren
- In einer zweiten Pfanne die Filets in Butter von beiden Seiten anbraten, dann in die erste Pfanne geben
- Zugedeckt in etwa 5 Minuten fertig dünsten und mit Zitronensaft beträufeln
- Das Basilikum in feine Streifen scheiden, die Filets damit bestreuen und das Ganze in einem Bett aus grünen Bohnen und Kaiserschoten auf einer vorgewärmten Platte servieren.

TIPP

Zu diesem schnellen, leichten Gericht passen Kartoffelkroketten oder Kartoffelspalten und ein Weiß- oder Grauburgunder.

Wildkaninchen, sagen die Jäger, sind vorne zu schnell und hinten zu klein. Und für viele Köche oder Köchinnen sind sie in der Pfanne häufig zu klein.

Gratinierte Kaninchenrücken

Zutaten für 4 Personen

2 Kaninchenrücken

2 Knoblauchzehen

300 g Raclettekäse, in dünne Scheiben geschnitten

1/8 l Weißwein

1 Becher Crème fraîche

etwas Estragon, Kerbel oder Salbei und Rosmarinblätter

Salz

frisch gemahlener Pfeffer

Öl zum Braten

- Rücken häuten und das sichtbare Fett wegschneiden
- Filets entlang des Rückens vom Wirbelknochen lösen
- Knoblauchzehen schälen und zerdrücken
- Jeweils zwei Rückenteile zusammenlegen und mit Salz, Pfeffer und Knoblauch einreiben
- Backofen auf 200 °C (Umluft 180 °C, Gas Stufe 4) vorheizen
- Öl in einem Bräter erhitzen und Rückenteile beidseitig anbraten
- Deckel schließen und 30 Minuten im Ofen braten
- Zwischendurch immer wieder mit Bratfett begießen
- Fleischteile herausnehmen, in Alufolie legen und warm halten
- Bratensatz mit Weißwein loskochen
- Estragon, Kerbel und einige Rosmarinblätter auf die Rückenteile streuen und die Fleischteile mit den Käsescheiben bedecken (eventuell mit Spießchen befestigen)
- Die Rückenteile zurück in den Bräter legen und bei geöffnetem Deckel so lange braten, bis der Käse geschmolzen ist
- Rücken entnehmen, eventuell Spießchen entfernen, mit den restlichen Rosmarinblättern (oder gehackter Kräutermischung) bestreuen
- Bratensaft mit Crème fraîche anreichern
- Je ein halbes Rückenteil auf einem Teller mit Spagetti und Blatt- oder gemischtem Salat als Beilage servieren.

Tipp

Man kann die Filets der Kaninchenrücken auch erst nach dem Braten lösen und so den Rücken als Ganzes servieren.

Kräuterkaninchen
mit Gemüse

TIPP
Dazu passen Folienkartoffeln und ein spritziger Rosé oder Spätburgunder

Zutaten für 4 Personen

Für das Fleisch:

1 ganzes, küchenfertiges Wildkaninchen
100 g durchwachsener Räucherspeck
2 Zwiebeln
2–3 Knoblauchzehen
1 EL Rosmarin
1 TL Thymian
1/4 l Weißwein
2–3 EL Butterschmalz
Salz
frisch gemahlener Pfeffer

Für das Gemüse:

2 Fenchelknollen
1 Scheibe Sellerie
100 g schwarze Oliven
1 Bd Frühlingszwiebeln
100 g Steinpilze oder Champignons
200 g Kirschtomaten
200 ml Gemüse- oder Fleischbrühe
1/2 Bd Rosmarin
1 Bd Petersilie

Für das Fleisch:

- Das küchenfertige Kaninchen waschen, trockentupfen, von Häuten und Fett befreien, in grobe Stücke schneiden und mit Salz und Pfeffer würzen
- Speck fein würfeln
- Backofen auf 200 °C (Umluft 180 °C, Gas Stufe 4) vorheizen
- Butterschmalz im Bräter erhitzen, die Kaninchenstücke rundherum anbraten, den Speck hinzugeben und mitbraten
- Zwiebeln und Knoblauchzehen schälen, fein würfeln und zusammen mit Rosmarin und Thymian über die Fleischteile streuen
- Im Backofen im geschlossenen Bräter etwa 40 Minuten braten

Für das Gemüse:

- Fenchel und Sellerie während der Garzeit putzen, waschen und in mundgerechte Stücke schneiden, Frühlingszwiebeln putzen und in kleine Stücke schneiden
- Oliven gut abtropfen lassen
- Pilze putzen und vierteln, Tomaten waschen und nur einige halbieren, den Rest ganz lassen

- Das Gemüse in den Bräter zu den Kaninchenteilen geben und alles zugedeckt weitere 15 Minuten garen, anschließend das Fleisch aus dem Bräter nehmen und warm stellen
- Gemüse- oder Fleischbrühe ans Gemüse gießen, nochmals alles kurz dünsten und mit Salz und Pfeffer würzen
- Die Kaninchenteile dekorativ auf dem Gemüse anrichten, mit Rosmarinzweigen garnieren, mit gewaschener und fein gehackter Petersilie bestreuen und sofort servieren.

Die „groben Kaninchenteile“ verstehen sich als zwei Hälften des Rückens, die beiden Vorderblätter und Keulen und eventuell die Bauchteile als Kleinfleisch.

Rheinischer Topfhase

Zutaten für 4 Personen

1 küchenfertiger (portionierter) Feldhase
200 g magerer Schweinebauch
100 g durchwachsener Räucherspeck
2 EL Öl
2 Zwiebeln
1 TL Thymian
200 g Maronen
1 Becher Sahne
3/4 l Rotwein
1 Bd Suppengrün
1 Prise Nelkenpulver
1 Lorbeerblatt
einige Wacholderbeeren
Salz
frisch gemahlener Pfeffer
Saft von einer Orange

- Zwiebeln schälen und fein hacken
- Suppengrün putzen und klein schneiden
- Schweinebauch und Speck in Streifen schneiden, im erhitzten Öl anbraten, herausnehmen und bereitstellen
- Hasenteile im Bratfett von allen Seiten gut anbraten
- Die Zwiebeln mit dem Schweinebauch und dem Speck dazugeben
- Kurz mitbraten und mit Salz, Pfeffer, Thymian und Nelkenpulver bestreuen
- Lorbeerblatt und Wacholderbeeren untermischen
- Suppengrün zum Fleisch geben und ebenfalls kurz mitbraten
- Rotwein mit Orangensaft und Sahne vermischen, über das Fleisch gießen und alles zugedeckt etwa 1 Stunde bei mäßiger Hitze köcheln lassen
- Esskastanien kreuzweise einschneiden und mit der Schnittfläche nach oben für 2 Minuten im Mikrowellengerät erwärmen oder bei 150 °C im Backofen backen, bis sich die Schalen nach außen wölben
- Esskastanien schälen und für die letzten 10 bis 15 Minuten zum Braten geben
- Den Topfhasen abschmecken, dekorativ mit ein paar Orangenscheiben oder gedünsteten Apfelscheiben anrichten und mit Spätzle, Makkaroni oder Bandnudeln servieren.

Tipp

Früher galt es, den geschossenen Hasen unausgeweidet mehrere Tage hängen zu lassen. Das ist falsch! Auch der Hase gehört nach dem Schuss sofort ausgeweidet (ausgeworfen) und sollte anschließend mit einer wieder notdürftig mit Tannengrün gefüllten Bauchhöhle kühl ein paar Tage abhängen, sofern er nicht gleich in die Kühltruhe wandert.

Fränkisches Hasenfilet
mit Linsengemüse

Zutaten für 4 Personen

4 küchenfertige Hasenrückenfilets

je 200 g graue und rote Linsen

200 g Morcheln

1/2 Glas (2 gute EL) grüne Pfefferkörner

300 g Brokkoli

je 1 TL Majoran und Thymian

1 Zwiebel

1/4 l Weißwein

3/8 l gebundene Wildsoße

1 Prise Zucker

2–3 EL Balsamico-Essig

mindestens 1/4 l Gemüsebrühe

Salz

frisch gemahlener Pfeffer

2 Lorbeerblätter

einige Wacholderbeeren

2 EL Butterschmalz

- Die grauen Linsen am Abend vorher abspülen und in kaltem Wasser einweichen, falls nötig Wasser nachgießen, damit sie immer bedeckt sind
- Die eingeweichten grauen Linsen im Einweichwasser zusammen mit Lorbeerblättern und Wacholderbeeren in einen Topf geben und etwa 30 Minuten kochen
- Nach 10 Minuten Kochzeit die roten Linsen hinzugeben, dann Gemüsebrühe zufügen und öfter umrühren
- In der Zwischenzeit den Brokkoli in Röschen teilen und bissfest garen, abgießen und beiseite stellen
- Hasenrückenfilets waschen, trockentupfen, mit Salz, Pfeffer, Majoran und Thymian kräftig einreiben und im erhitzten Butterschmalz braten, so dass sie innen noch rosa sind
- Die gebratenen Filets aus der Pfanne nehmen und warm halten
- Zwiebel schälen, fein hacken und im verbliebenen Bratenfett glasig anbraten
- Mit Weißwein ablöschen, die gebundene Wildsoße angießen und kräftig mit Salz und Pfeffer abschmecken
- Morcheln putzen, quer in Scheiben schneiden und zehn Minuten in kaltem Wasser einlegen, dann mit den grünen Pfefferkörnern in die Soße geben und erhitzen
- Zehn Minuten vor Kochende die Brokkoliröschen unter das Linsengemüse heben und mit Salz, Pfeffer, Zucker und Balsamico-Essig süßsauer abschmecken
- Die fertigen Hasenrückenfilets in Scheiben schneiden, anrichten, mit der Morchel-Pfeffersoße überziehen und eventuell mit Petersiliensträußchen garnieren
- Mit dem Linsengemüse und Kartoffelbällchen servieren.

TIPP

Statt der Brokkoliröschen lassen sich auch feine Möhrenscheiben oder Brechbohnenspitzen unter das Linsengemüse mischen.

Die Linse – die Königin der Hülsenfrüchte – führt bei uns ein etwas unwürdiges Dasein. Dabei ist sie ein gutes, lange lagerfähiges und preiswertes Gemüse, das zu fast allen Eintöpfen und auch Wildgerichten passt.

Allgäuer Hasenrücken
aus der Pfanne

Zutaten für 4 Personen

2 ausgelöste Hasenrücken
200 g durchwachsener Räucherspeck
150 g Schalotten
150 g Zucchini
1 Tasse Fleischbrühe
1 EL Wacholderbeeren
4 kleine rote Chilischoten
Salz
frisch gemahlener Pfeffer
2 EL Butterschmalz

- Rückenfilets waschen, trockentupfen und halbieren
- Speck in Streifen schneiden, die Wacholderbeeren im Mörser zerstampfen oder in der Mühle grob mahlen, Schalotten schälen, Zucchini in Scheiben schneiden
- Erst den Speck, dann die Schalotten, zum Schluss die Zucchini in einer großen Pfanne in Butterschmalz gemeinsam braten, dann herausnehmen
- Rückenfilets mit Wacholder bestreuen und in derselben Pfanne anbraten
- Salzen, pfeffern, die Fleischbrühe und die Chilis hinzugeben und 15 Minuten mit geschlossenem Deckel fertigdünsten
- Zum Schluss das Zucchinigemüse dazugeben, kurz anwärmen und alles gleich in der Pfanne servieren.

Tipp

Zu diesem schnellen, kernigen Gericht passen Schupfnudeln oder nur Bauernbrot und ein kräftiger Dornfelder aus der Pfalz.

Coburger Butterhase
im Pilzbett

Zutaten für 4 Personen

Für das Fleisch:

2 Hasenrücken
2 Schalotten
600 g frische Waldpilze (Steinpilze oder Pfifferlinge)
1 TL gemahlene Kräuter der Provence
1 EL Schnittlauchröllchen
2 EL Butterschmalz
3–4 EL Butter
Salz
frisch gemahlener Pfeffer

Für die Soße:

1 Ei
100 g Butter
etwas Zitronensaft
1 Prise Cayenne-Pfeffer
Salz

Für das Fleisch:

- Hasenrücken häuten, Fett entfernen und Rückenfilets links und rechts entlang der Wirbelsäule mit dem Messer anlösen
- Mit Pfeffer und Salz würzen und einige Minuten ruhen lassen
- Backofen auf 170 °C (Umluft: 150 °C, Gas Stufe 2) vorheizen
- Rückenteile in Butterschmalz auf der Fleischseite anbraten, dann die Rücken auf die Knochenseite stellen, mit Kräutern der Provence bestreuen, Bräter schließen und im Backofen etwa 30 Minuten braten, zwischendurch mehrmals mit zerlassener Butter übergießen
- Schalotten schälen und fein schneiden
- Nach der Hälfte der Garzeit eine fein geschnittene Schalotte zugeben
- Pilze putzen, nach Bedarf zerkleinern und in Butter zusammen mit der anderen klein geschnittenen Schalotte bei mäßiger Hitze 15 Minuten dünsten
- Mit Pfeffer und Salz würzen und mit Schnittlauchröllchen bestreuen
- Rückenteile aus dem Bräter nehmen, in Alufolie einwickeln und warm halten

Für die Soße:

- Bratenfond durch ein Sieb geben
- Im lauwarmen Wasserbad aus Ei, zerlassener Butter, etwas Zitrone und Cayenne-Pfeffer eine holländische Soße aufschlagen und Bratenfond erst tropfen-, dann teelöffelweise unterarbeiten, mit Salz abschmecken

- Filets vom Knochen lösen, aufschneiden, im Pilzbett auf einer vorgewärmten Platte zusammen mit in Scheiben geschnittenen Semmel- oder Kartoffelklößen servieren, die Soße getrennt dazu reichen.

Tipp

Dieses Festmahl sollte man am besten mit einigen Preiselbeeren oder gekochten Vogelbeeren (Beeren der Eberesche) und Petersilie garnieren und mit einem feinherben Spätburgunder genießen.

Gebratene Westerländer Wildgans

Zutaten für 4 Personen

Für die Gans:

1 Graugans, küchenfertig
2 Möhren
1 Zwiebel
1 Stange Lauch
1 Scheibe Sellerie
3 Tassen Hühnerbrühe
2 TL Ingwerpulver
Salz
frisch gemahlener Pfeffer
Butter
getrocknete Apfel- und Orangenscheiben (siehe unten) zum Garnieren
Spieß zum Verschließen der Gans

Für die Füllung:

500 g Maronen
500 g säuerliche Äpfel
500 g Orangen

- Die gerupfte, ausgenommene Gans waschen und trockentupfen, innen salzen und mit Ingwerpulver einreiben
- Maronen kreuzweise einschneiden, 2 Minuten im Mikrowellengerät auf höchster Stufe erhitzen und schälen oder im Backofen bei 150 °C so lange garen, bis sich die Schale nach außen wölbt, dann schälen
- Äpfel und Orangen schälen und in Stücke schneiden, dabei das Kernhaus der Äpfel und dickere weiße Häute der Orangen entfernen
- Backofen auf 200 °C (Umluft 180 °C, Gas Stufe 4) vorheizen
- Die Gans mit Maronen, Apfel- und Orangenstücken füllen und mit einem Spieß verschließen
- Gans außen salzen und pfeffern und mit der Brust nach unten in den Bräter legen
- Zwiebel schälen und grob hacken, Gemüse putzen und klein schneiden, zur Gans geben
- 2 Tassen Brühe angießen
- Die Gans zugedeckt mindestens 1 Stunde braten, bis der Rücken Farbe angenommen hat
- Gans wenden, restliche Brühe dazugeben und zugedeckt weitere 1 ½ Stunden braten, dabei die letzten 15 Minuten ohne Deckel
- Gans herausnehmen und warm stellen, Fett von der Soße schöpfen
- Gans tranchieren, mit der Füllung anrichten, mit getrockneten Orangen- und Apfelscheiben garnieren und zusammen mit Salzkartoffeln und Rotkohl sowie der Soße servieren.

Tipp

Die Garzeit bei Wildgänsen ist sehr unterschiedlich, da sie vom Alter der Gans abhängt. Sie kann bis zu vier Stunden dauern. Deshalb empfiehlt sich auch hier ganz besonders die Verwendung eines Fleischthermometers.

Getrocknete Orangenscheiben stellt man ganz leicht selbst her, indem man die Scheiben bei 100 °C in den Backofen auf ein Backblech legt und so lange dörrt, bis sie den richtigen Trocknungsgrad haben.

Gefüllte Usedomer Wildgans

Zutaten für 4 Personen

Für die Gans:

1 küchenfertige Wildgans mit Herz und Leber
1 Möhre
1 Scheibe Sellerie
1/2 Stange Lauch
3 Tassen Hühnerbrühe
1 TL gemahlener Ingwer
Salz
frisch gemahlener Pfeffer
2 EL Butter
Zitronenthymian zum Garnieren
1 Schaschlikspieß zum Verschließen

Für die Füllung:

250 g gemischtes Hackfleisch
75 g gekochter oder leicht geräucherter Schinken
1 Möhre
1 Zwiebel
1 Ei
1/2 Bd Petersilie
4 EL Tiefkühl-Erbsen
1 EL Majoran

- Die gerupfte, ausgenommene Gans waschen und trockentupfen, innen salzen und mit Ingwerpulver einreiben
- Das Herz klein schneiden, den Schinken fein würfeln
- Die Zwiebel schälen und fein hacken
- Hackfleisch, Gänseherz, Gänseleber sowie den gewürfelten Schinken in einer Pfanne leicht anbraten, dann in eine Rührschüssel geben
- Zwiebelwürfel in Butter glasig braten, abkühlen lassen und dazugeben
- Eine Möhre putzen und klein würfeln, Petersilie fein hacken
- Möhre, Erbsen, Salz, Pfeffer, Petersilie sowie Majoran und das Ei mit dem Fleischteig vermengen
- Gans mit der Mischung füllen und mit einem Schaschlikspieß verschließen, anschließend außen salzen und pfeffern und mit der Brust nach unten in den Bräter legen
- Den Backofen auf 200 °C (Umluft 180 °C, Gas Stufe 4) vorheizen
- Das restliche Gemüse putzen und in grobe Würfel schneiden, zur Gans geben und zwei Tassen Brühe angießen
- Die Gans zugedeckt 1 Stunde im Ofen schmoren, für die letzten 10 Minuten zum Bräunen den Deckel entfernen, dann die Gans wenden, wieder den Deckel auflegen und weitere 2 Stunden braten
- Wieder für die restlichen 10 Minuten den Deckel entfernen, die restliche Brühe dazugeben und die Gans bräunen lassen
- Die Gans herausnehmen und warm stellen, das Fett von der Soße abschöpfen
- Gans tranchieren, die einzelnen Stücke mit der Füllung und der Natursoße zusammen anrichten, mit Zitronenthymian garnieren und servieren.

TIPP

Zu diesem recht mächtigen Essen passen Rosenkohl und Knödel oder Schupfnudeln sowie ein samtener Spätburgunder.

Rheingauer Fasanenbrust
auf Paprika-Creme

Zutaten für 4 Personen

6 Fasanenbrüste
250 g Tomaten
1 rote Paprikaschote
1 Zwiebel
1 rote Chilischote
1 Tasse Hühnerbrühe
1/2 Becher saure Sahne
2 Eigelb
4 EL geriebener Parmesan
1 Hand voll Basilikumblätter (frisch vom Topf)
Salz
2 EL Butter zum Braten

- Tomaten kreuzweise einschneiden, mit kochendem Wasser überbrühen, häuten, halbieren, entkernen und in Stücke schneiden
- Fasanenbrüste von beiden Seiten in Butter anbraten
- ½ Tasse Brühe dazugießen und zugedeckt fertiggaren, bis das Fleisch gut durch ist
- Das Fleisch aus der Pfanne nehmen, salzen und in Alufolie einschlagen
- Zwiebel schälen und klein hacken, Paprika putzen und in Würfel schneiden
- Chili entkernen und in feine Streifen schneiden – anschließend sofort Hände waschen
- Zwiebel in derselben Pfanne glasig braten
- Paprikawürfel zusammen mit dem Tomatenfleisch dazugeben
- Die klein geschnittene Chilischote hinzugeben und mit der restlichen Brühe ablöschen
- Salzen und dünsten, bis die Flüssigkeit fast verdampft ist
- Bis auf einige Blättchen zum Garnieren das Basilikum klein schneiden und in das Gemüse streuen
- Die Pfanne vom Herd nehmen und die saure Sahne, den Parmesan sowie das Eigelb hineinrühren und abschmecken
- Fasanenbrüste zurück in die Pfanne legen und bei geringer Hitze aufwärmen
- Mit ganzen Basilikumblättern garnieren und das Gericht in der Pfanne mit Reis oder gelben Bandnudeln servieren.

TIPP

Dieses Gericht lässt sich variieren, indem man es mit roten Linsen und mittelscharfem Paprikapulver (statt saurer Sahne) zubereitet.

Bei einem Fasanenhahn lässt sich das Alter recht gut feststellen. Je länger, spitzer und ausgeprägter der Sporn am Fuß des Hahnes ist, desto höher ist sein Alter und desto zäher ist sein Fleisch.

Bergischer Fasan
mit Speckkraut

Zutaten für 4 Personen

Für den Fasan:

4 küchenfertige Fasanenbrüste und -keulen

1 TL Wacholderbeeren

1 TL Pimentkörner

1/2 Tasse Olivenöl

Salz

frisch gemahlener Pfeffer

Für das Kraut:

500 g Weißkraut

100 g durchwachsener Räucherspeck

1 Zwiebel

1 Tasse Gemüsebrühe

je 1 Messerspitze Kümmel, Muskat und Zucker

Außerdem:

800 g Kartoffeln

1 Tasse Milch

75 g Butter

1 Hand voll gemischte Wildkräuter je nach Geschmack

Weintrauben zum Garnieren

- Fasanenteile waschen, trockentupfen, mit Salz und Pfeffer würzen und in eine Schüssel legen
- Wacholderbeeren mit den Pimentkörnern im Mörser zerstoßen, mit Olivenöl verrühren, die Fasananteile damit übergießen und im Kühlschrank 2 Stunden ziehen lassen
- Speck würfeln, Zwiebel schälen und fein hacken
- Weißkraut putzen, den Strunk herausschneiden und das Kraut fein hobeln
- Fasanenteile in einer Pfanne braun braten, herausnehmen und warm stellen
- Den gewürfelten Speck ohne Fett in einer Pfanne auslassen, die Zwiebel zum Speck geben und glasig braten
- Weißkraut zum Speck und den Zwiebeln in die Pfanne geben
- Kurz mitdünsten, mit der Brühe ablöschen, mit Salz, Pfeffer, Zucker und Kümmel würzen und 25 Minuten garen
- Die Kartoffeln garen, heiß pellen, stampfen, mit der heißen Milch und Butter zu feinem Püree rühren
- Mit Salz und Muskat abschmecken und die Kräutermischung unterziehen
- Das Speckkraut mit dem Kräuterpüree anrichten, die Fasanenteile darauf legen, mit Weintrauben und eventuell Weinlaub garnieren und heiß servieren.

Tipp

Ein Festessen mit Fasan lässt sich zusätzlich noch mit herbstbunten Fasanenfedern auf dem Tisch dekorieren und gibt so der Tafel eine persönliche, herbstlich-festliche Note. Ein trockener, frischer Riesling, Kerner oder Silvaner rundet dieses Essen ab.

Wildentenfilets
im Speckmantel

Zutaten für 4 Personen

4 küchenfertige, enthäutete Wildentenbrustfilets
8 dünne Scheiben durchwachsener Räucherspeck
8 Dörrpflaumen
1 TL Kräuter der Provence
8 Wacholderbeeren
8 Pfefferkörner
8 Tomaten
Salz
frisch gemahlener Pfeffer
2 EL Butterschmalz
400 g Brokkoli
2 EL Butter

- Dörrpflaumen zum Einweichen in lauwarmes Wasser legen
- Wildentenbrustfilets waschen, trockentupfen und leicht mit Salz einreiben
- Pfefferkörner und Wacholderbeeren im Mörser zerstoßen oder mit der Mühle mahlen, mit den Kräutern der Provence mischen und die Filets damit kräftig einreiben
- Filets mit den abgetropften Dörrpflaumen belegen
- Mit je 2 Speckscheiben umwickeln, diese feststecken und die Filets im erhitzten Butterschmalz gar braten, dann herausnehmen und warm stellen
- Tomaten waschen, häuten, entkernen und in Würfel schneiden
- Die Hälfte der Tomaten im Mixer pürieren, in einen Topf geben und erhitzen
- Mit Salz, Pfeffer und Kräutern der Provence abschmecken und die restlichen Tomatenwürfel unterheben
- Den Brokkoli putzen und in Salzwasser bissfest garen, anschließend in Butter schwenken
- Die Wildentenbrustfilets im Speckmantel mit Brokkoli und Kartoffelkroketten dekorativ anrichten, die Tomatenwürfel mit Soße dazugeben und servieren.

TIPP

Das Tomatengemüse mit Soße lässt sich auch wesentlich schneller und einfacher herrichten, indem man fertige – italienische – Tomatensoße nimmt, die oft sogar aromatischer ist, da sie immer aus reifen Tomaten hergestellt wird.

Wildenten, insbesondere Stockenten, werden – wenn nicht anders empfohlen – nicht gerupft, sondern enthäutet, indem man einen Brustschnitt vollzieht und mit beiden Händen den inneren Wildkörper regelrecht herausschält.

Süß-saure Wildente
aus dem Weserbergland

Zutaten für 4 Personen

1 Stockente (oder 2 kleine, z. B. Krick- oder Bergenten)
2 Zwiebeln
3–4 EL Butter
300 g Frühlingszwiebeln
1/4 l Hühnerbrühe
2 EL Zucker
2 EL Wasser
2 EL Weinessig
4 Nelken
1 Bd Basilikum
Salz
frisch gemahlener Pfeffer

- Die Enten rupfen (nicht häuten!), ausnehmen, waschen, trockentupfen und innen salzen
- Eine Zwiebel schälen, halbieren und je eine Hälfte in eine Ente legen
- Backofen auf 200 °C (Umluft 180 °C, Gas Stufe 4) vorheizen
- Ente mit der Brust nach unten in den Bräter legen, mit erhitzter Butter übergießen, salzen und pfeffern und im offenen Bräter etwa eine ¾ Stunde braten, bis der Rücken Farbe angenommen hat
- Ente aus dem Bräter nehmen, Fett abschöpfen und zur Seite stellen
- Backofen auf 170 °C (Umluft 150 °C, Gas Stufe 2) herunterschalten
- Die zweite Zwiebel schälen, klein schneiden und im Bräter kurz anbraten und die Ente mit der Brust nach oben hineinlegen
- Salzen, pfeffern, Nelken und Brühe dazugeben und die Ente im geschlossenen Bräter in etwa 1 ½ Stunden zugedeckt fertig braten
- Für die letzte Viertelstunde den Deckel abnehmen, damit die Ente braun wird
- Die Frühlingszwiebeln putzen und im Ganzen im abgeschöpften Entenfett goldgelb braten, herausnehmen
- Zucker und Wasser unter Rühren erhitzen, bis der Zucker karamellisiert, dann den Essig dazugeben
- Die Bratensoße in die Zucker-Essig-Mischung passieren
- Das Basilikum fein hacken und unterrühren
- Ente tranchieren, auf eine vorgewärmte Platte legen, Frühlingszwiebeln herumlegen, mit Soße übergießen und mit Reis servieren.

Die Haut gerupfter Enten muss richtig knusprig braun werden; gehäutete Enten sollten, damit sie beim Braten nicht austrocknen, immer in Speck, Kohlgemüse oder Schweinenetz gewickelt werden.

Wildente
auf Wirsingkohl

Zutaten für 4 Personen

Für die Ente:

1 enthäutete Stockente (oder zwei kleine Wildenten wie Krick- oder Pfeifente)
Salz
frisch gemahlener Pfeffer
2 EL Butterschmalz

Für das Gemüse:

750 g Wirsingkohl
150 g durchwachsener Räucherspeck
2 Möhren
2 Zwiebeln
1 Prise Muskat
1 Prise Kümmel

Für die Ente:

- Die enthäutete Wildente ausnehmen, waschen, trockentupfen und zerteilen (jeweils 2 Brusthälften, 2 Keulen, 2 Flügelknochen)
- Backofen auf 200 °C (Umluft 180 °C, Gas Stufe 4) vorheizen
- Entenstücke salzen und pfeffern
- Entenstücke im erhitzten Butterschmalz im Bräter anbraten, Deckel auflegen und im Backofen unter gelegentlichem Wenden etwa 30 Minuten braten
- Aus dem Bräter nehmen, beiseite legen und warm halten
- Backofen auf 180 °C (Umluft 160 °C, Gas Stufe 3) herunterschalten

Für das Gemüse:

- In der Zwischenzeit den Wirsingkohl vierteln, Strunk und Außenblätter entfernen, in Streifen schneiden, in Salzwasser blanchieren und anschließend abtropfen lassen
- Speck in Streifen schneiden
- Zwiebeln schälen, Möhren putzen und beides in Scheiben schneiden
- Speck und Zwiebeln im Bräter anbraten, Wirsing und Möhren dazugeben, vermengen, mit Salz, Pfeffer, Kümmel und Muskat abschmecken und die Entenstücke darauf legen
- Zugedeckt im Ofen nochmals etwa 30 Minuten garen, dann im Bräter zusammen mit Bratkartoffeln servieren.

TIPP

Die enthäuteten Entenstücke lassen sich auch gut in Wirsingkohlblätter einschlagen und umwickelt garen.

Gefüllte Wildente
mit Pfifferlingen

Zutaten für 4 Personen

Für die Ente:

1 gerupfte Stockente mit Leber

500 g Kartoffeln

1 Zwiebel

1 Tasse Hühnerbrühe

Salz

frisch gemahlener Pfeffer

2 EL Butterschmalz

kleine Holzspieße zum Verschließen

Für die Füllung:

300 g Pfifferlinge

200 g Hackfleisch vom Schwein

50 g durchwachsener Räucherspeck

1 Zwiebel

1 Ei

1 Bd Petersilie

1–2 TL Majoran

- Die gerupfte und ausgenommene Ente samt Leber waschen und trockentupfen, innen salzen
- Pfifferlinge putzen, Zwiebel schälen und mit der Petersilie und der Leber klein hacken
- Die Hälfte der Pfifferlinge, das Ei, die Leber, Zwiebel, Petersilie und den gewürfelten Speck zum Gehackten geben, kräftig untermischen und mit Salz, Majoran und Pfeffer würzen
- Backofen auf 200 °C (Umluft 180 °C, Gas Stufe 4) vorheizen
- Ente mit der Hackfleischmasse füllen und mit kleinen Spießen verschließen
- Butterschmalz zerlassen, die Ente mit dem zerlassenen Butterschmalz einpinseln, salzen, pfeffern, mit der Brust nach unten in den Bräter geben und zugedeckt im Backofen etwa 30 Minuten braten
- Die Kartoffeln schälen und halb gar kochen
- Brühe nach 30 Minuten zur Ente gießen, Ente wenden, wieder abdecken und nochmals etwa 45 Minuten braten, dabei mehrmals übergießen
- Für die letzten 20 Minuten die vorgekochten Kartoffeln in den Bräter geben
- In der Zwischenzeit die zweite Zwiebel schälen, klein schneiden und glasig braten
- Die restlichen Pfifferlinge dazugeben, salzen und pfeffern
- Die Petersilie fein hacken und über die Pfifferlinge streuen
- Ente tranchieren, auf eine vorgewärmte Platte geben, mit der Füllung und den Pfifferlingen garnieren und mit der Natursoße und den mitgebratenen Kartoffeln mit Rosenkohl als Beilage servieren.

Tipp

Enten – und auch Gänse – dürfen nicht zu stramm gefüllt werden, sonst platzen sie während des Bratens.
Waldpilze, insbesondere Pfifferlinge, werden nur geputzt, nie gewaschen, sonst vermanscht und verwässert man die köstlichen „Waldfrüchte“.

Ringeltäubchen
auf Salat

Zutaten für 4 Personen

Für die Tauben:

4 küchenfertige Ringeltauben
1 Dose Maronen
1 Glas Weißwein
1 Tasse Gemüsebrühe
1 TL Wacholderbeeren
1 TL Pimentkörner
1 TL Kräuter der Provence
1 Bd Suppengrün
2–3 EL Butterschmalz
Salz
frisch gemahlener Pfeffer

Für den Salat:

200 g gemischte Blattsalate
1 Tasse Walnusskerne
1/2 Tasse Kürbiskernöl
50 g Salat-Instant „italienisch"
1 TL mittelscharfer Senf

Für die Tauben:

- Die küchenfertigen Tauben waschen, trockentupfen und mit Salz und Pfeffer würzen
- Wacholderbeeren und Pimentkörner im Mörser zerstoßen oder in der Mühle mahlen, mit den Kräutern der Provence mischen und damit die Tauben einreiben
- Suppengemüse putzen und klein schneiden
- Backofen auf 200 °C (Umluft 180 °C, Gas Stufe 4) vorheizen
- Butterschmalz im Bräter erhitzen, Tauben hineinlegen und rundherum anbraten, bis sie Farbe angenommen haben
- Das Suppengemüse hinzugeben
- Bräter verschließen und die Tauben im Backofen knapp 1 Stunde braten
- Während des Bratens mehrmals mit Weißwein und Gemüsebrühe übergießen
- Die letzten 20 Minuten vor Bratende die Esskastanien abtropfen lassen und hinzugeben

Für den Salat:

- Zwischendurch die Salate verlesen, waschen, trockenschleudern und in mundgerechte Stücke zupfen
- Walnusshälften darüber streuen
- Salat-Instant in eine Schüssel geben, Kürbiskernöl sowie Senf hinzufügen, gut untermischen und eventuell mit einem Spritzer Mineralwasser verdünnen
- Einige Minuten ziehen lassen, dann zum Salat geben und unterheben

- Täubchen mit den Esskastanien auf dem Salat anrichten und mit einer dicken Scheibe Weißbrot sofort servieren.

Tipp

Zu den Täubchen passt eine fränkische halbtrockene Scheurebe. Statt Kürbiskernöl (schmeckt etwas nussig) kann man auch extra natives Olivenöl verwenden.

Markgräfler Taubenbrust
auf roten Linsen

Zutaten für 4 Personen

Für die Taubenbrust:

8 Ringeltaubenbrüste

1 EL Butterschmalz

1/2 l Hühnerbrühe

2 Frühlingszwiebeln (oder Zitronenmelisse)

Salz

frisch gemahlener Pfeffer

Für die Linsen:

1 rote oder gelbe Paprikaschote

1 EL Butterschmalz

400 g rote Linsen

2 Scheiben Sellerie

2 Zwiebeln

250 g durchwachsener Räucherspeck

4 EL Essig

Für die Taubenbrust:

- Die küchenfertigen Taubenbrüste in einer Pfanne in Butterschmalz anbraten, salzen und pfeffern
- 1 Tasse Brühe angießen und zugedeckt etwa ½ Stunde dünsten

Für die Linsen:

- Paprika putzen und klein schneiden
- Sellerie in Würfel schneiden, in Butterschmalz kurz anbraten, in einer Schüssel zur Seite stellen
- Zwiebeln schälen und klein schneiden, Speck würfeln, beides im Schmortopf anbraten
- Linsen waschen und hinzugeben, mit der restlichen Hühnerbrühe ablöschen und zugedeckt etwa 15 Minuten dünsten, ganz zum Schluss Essig unterrühren
- Sellerie, rohe Paprika und den Taubenfond aus der Bratpfanne dazugeben, gut vermischen und in knapp 10 Minuten fertigdünsten

- Taubenbrüste darauf legen, mit etwas Grün der Frühlingszwiebeln (oder mit Zitronenmelisse) garnieren und mit Salzkartoffeln servieren.

TIPP

Zu diesem Gericht passt ein leichter Rotwein wie zum Beispiel ein Blauer Portugieser.

Friesländisches Taubenragout
mit bunten Bohnen

Zutaten für 4 Personen

6 Ringeltaubenbrüste

200 g durchwachsener Räucherspeck

je 100 g getrocknete rote, weiße und schwarze Bohnen

1 Stange Staudensellerie

500 g Tomaten aus der Dose, abgetropft gewogen

2 Zwiebeln

1 Stange Lauch

1 1/4 l Hühnerbrühe

1/4 l Weißwein

je 1 Bd Petersilie und Thymian

2 Lorbeerblätter

5 rote Chilischoten

Salz

Pfeffer

2 EL Butterschmalz

- Die roten und weißen Bohnen getrennt von den schwarzen in Hühnerbrühe (in zwei Töpfen) aufkochen und 1 Stunde bei geringer Hitze ziehen lassen
- In der Zwischenzeit die Taubenbrüste waschen, trockentupfen und in mundgerechte Stücke schneiden
- Sellerie putzen und in kleine Stücke schneiden
- Zwiebeln schälen und in Scheiben schneiden, Petersilie hacken
- Speck (ohne Schwarte) in Streifen schneiden, in 1 EL Butterschmalz im Schmortopf anbraten, die Taubenstücke hinzugeben und ebenfalls anbraten, dann vom Herd nehmen
- Die Hälfte der Zwiebelscheiben und Selleriestücke in einer zweiten Pfanne in 1 EL Butterschmalz glasig braten
- Tomatenfleisch und Wein hinzugeben, gehackte Petersilie darüber streuen
- Salzen, pfeffern, auf ein Drittel einkochen und zum Taubenfleisch geben
- Speckschwarte, Lorbeerblätter, Thymian, den Rest von Zwiebel und Sellerie sowie Lauch auf die beiden Bohnentöpfe verteilen und die Bohnen nochmals aufkochen
- Schaum entfernen und in einer knappen Stunde weich kochen, eventuell Brühe nachgießen
- Gemüse aus den Bohnentöpfen ausdrücken und mitsamt Thymian, Lorbeerblättern und Speckschwarte entfernen
- Bohnen abseihen, mit den Chilischoten zu den Taubenbrüsten geben, alles gut vermengen und zugedeckt nochmals 1 Stunde im Ofen leicht köcheln lassen
- Im Topf mit Salzkartoffeln servieren.

TIPP

Nie weiße oder rote Bohnen mit schwarzen in einem gemeinsamen Sud kochen, da die weißen bzw. roten Bohnen dann die Farbe verlieren und alles unappetitlich grau aussieht.

Rezeptverzeichnis

Bildquellen:
Manfred Danegger, Owingen:
S. 6, 7, 8, 10, 11, 15
A. Limbrunner: S. 4, 5, 13
Manfred Pforr, Langenpreising:
S. 12
Alle anderen Fotos stammen
von Fridhelm Volk.

Bibliografische Information Der Deutschen Bibliothek
Die Deutsche Bibliothek verzeichnet diese Publikation in der Deutschen Nationalbibliografie; detaillierte bibliografische Daten sind im Internet über http://dnb.ddb.de abrufbar.

Haftung:
Der Autor und der Verlag haben sich um richtige und zuverlässige Angaben bemüht. Fehler können jedoch nicht vollständig ausgeschlossen werden. Eine Garantie für die Richtigkeit der Angaben kann daher nicht gegeben werden. Haftung für Schäden und Unfälle wird aus keinem Rechtsgrund übernommen.

Wollgrasweg 41, 70599 Stuttgart (Hohenheim)
E-Mail: info@ulmer.de
Internet: www.ulmer.de

Lektorat: Dr. Gabriele Lehari, Ina Vetter, Anke Ruf
Umschlag- und Innengestaltung: WILDE2, Stuttgart
Herstellung: Gabriele Wieczorek
Reproduktionen: types GmbH, Stuttgart
Druck und Bindung: Offizin Andersen Nexö, Leipzig
Printed in Germany

ISBN: 3-8001-4600-2